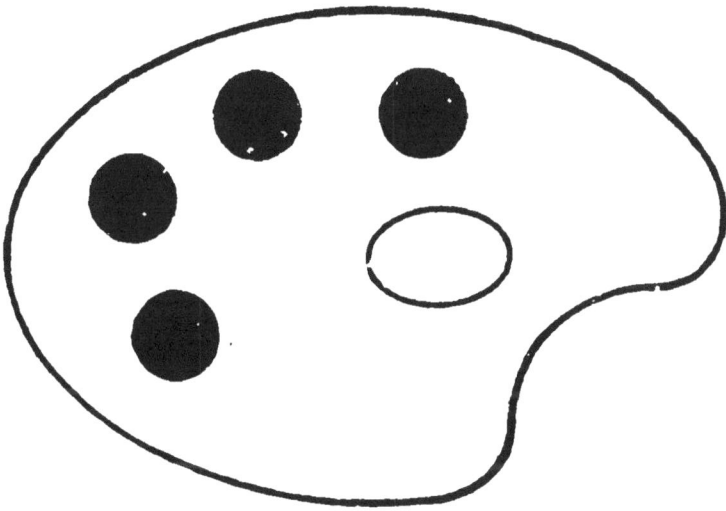

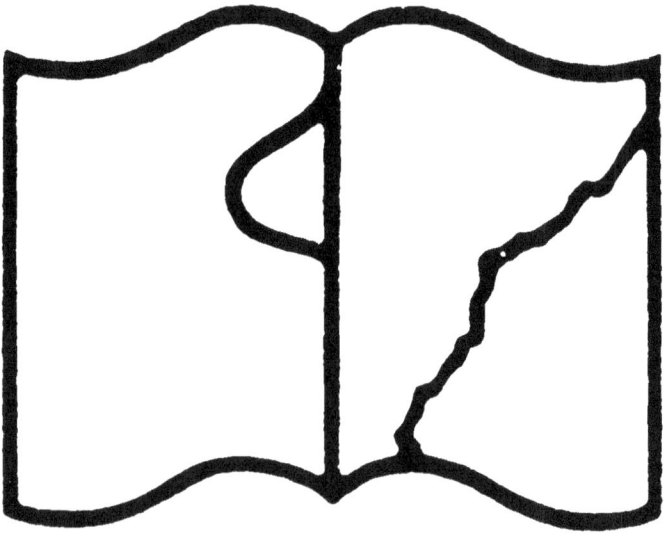

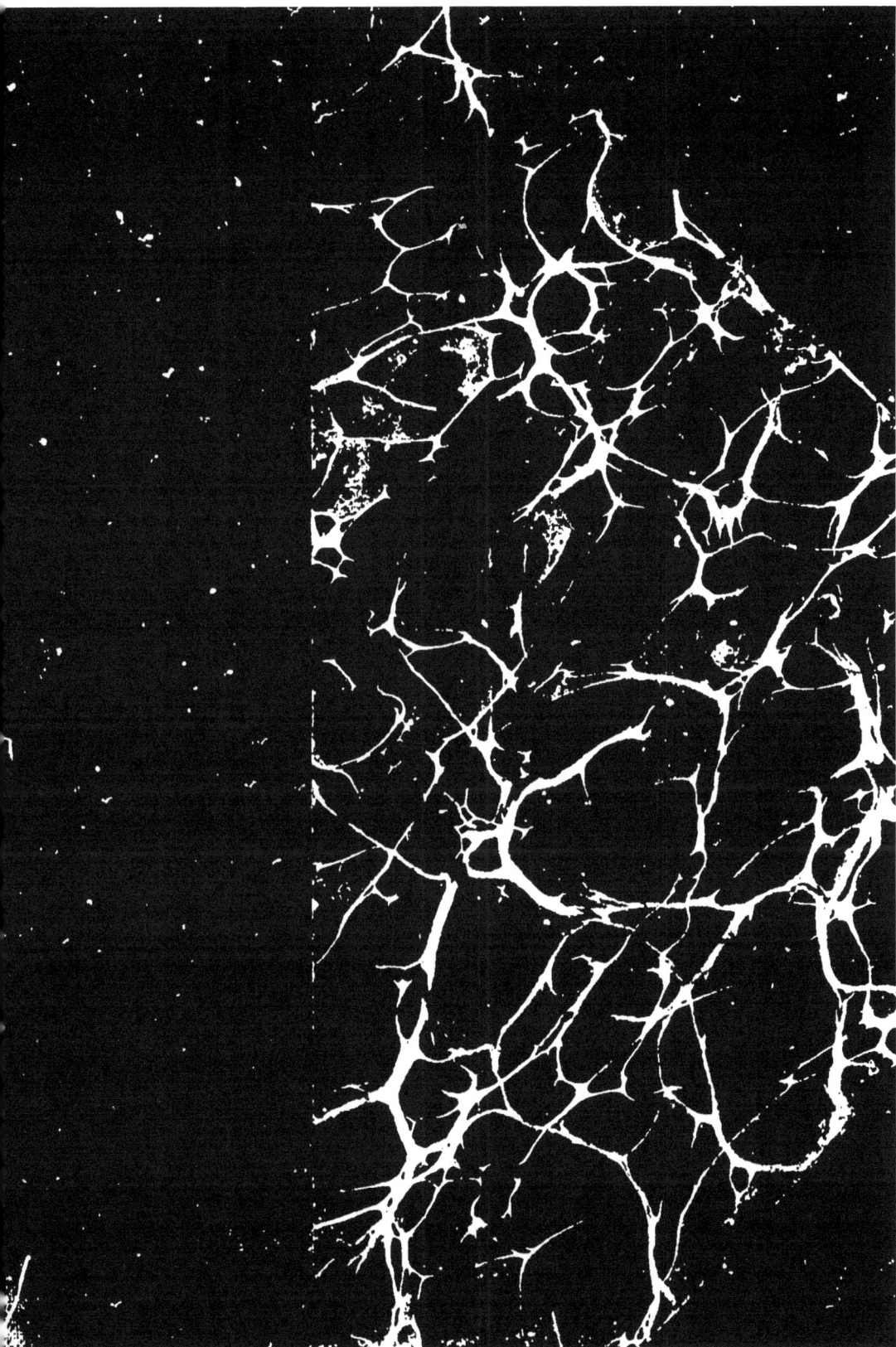

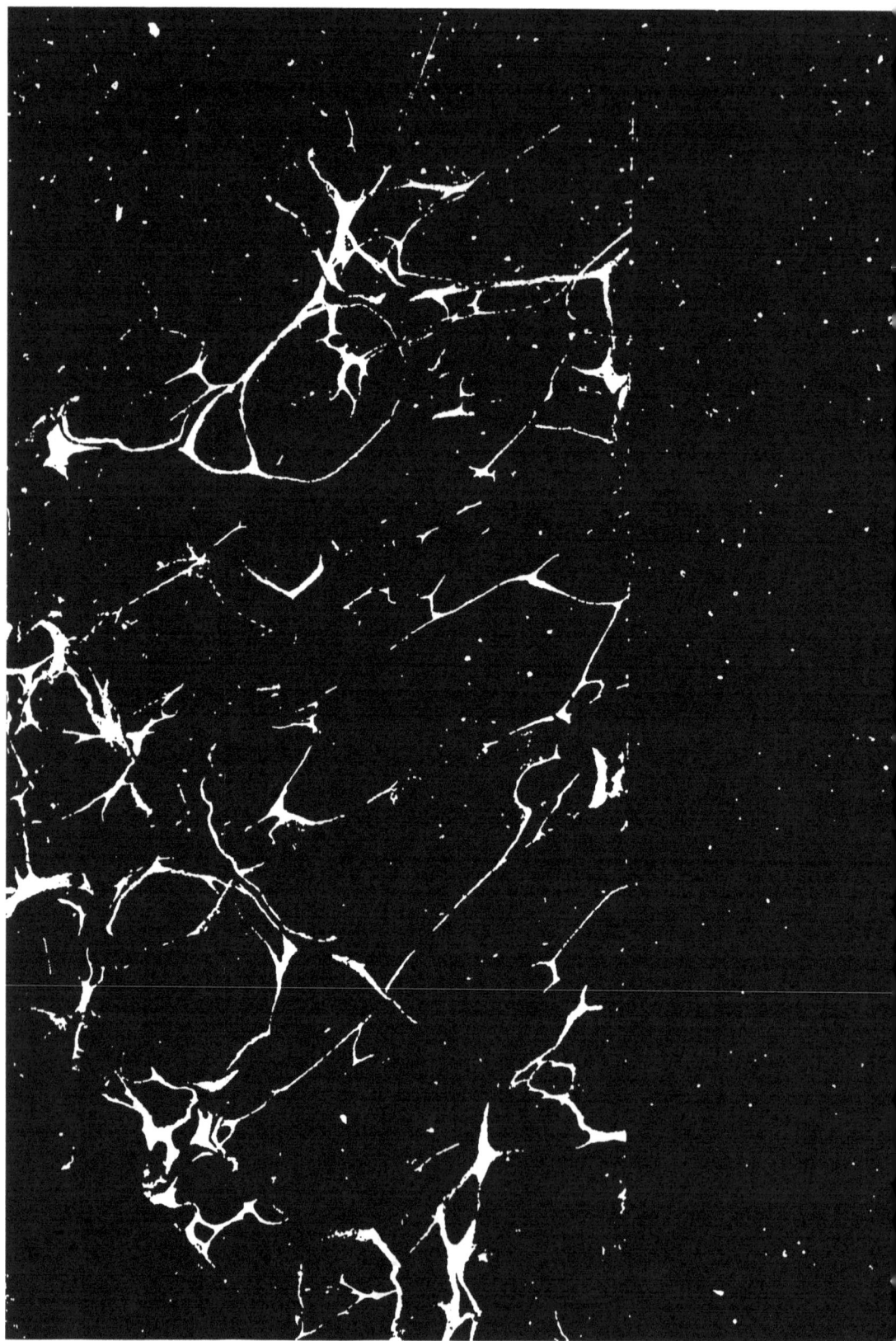

JEHAN RICTUS

Les

Soliloques
du Pauvre

Faire enfin dire quelque chose à quel-
qu'Un qui serait le Pauvre, ce bon
Pauvre, dont tout le monde parle et
qui se tait toujours.

Voilà ce que j'ai tenté.

J. R.

PARIS

SOCIÉTÉ DV MERCVRE DE FRANCE

XV, RVE DE L'ÉCHAVDÉ SAINT GERMAIN, XV

—

M DCCC XCVII

LES SOLILOQUES DU PAUVRE

(SUITE)

Paraîtront prochainement :

L'HIVER (*suite*).

LES FAUBESSES.

L'AMOUR.

BERCEUSE.

C' QUE J' SUIS.

C' QUE J' VOUDRAIS.

LE SOLILOQUE DU COGNE.

POUR ENDORMIR LE DOULOUREUX.

LE PIÈGE.

PORQUOI ?

LES P'TITS BOUFFIS.

QUOI FAIRE ?

LA BLAFARDE.

LE CHEMINOT.

    Etc., etc., etc.

LES SOLILOQUES DU PAUVRE

JUSTIFICATION DU TIRAGE :

JEHAN RICTUS

—

Les
Soliloques
du Pauvre

> Faire enfin dire quelque chose à quel-
> qu'Un qui serait le Pauvre, ce bon Pauvre,
> dont tout le monde parle et qui se tait
> toujours.
> Voilà ce que j'ai tenté.
>
> J. R.

PARIS

SOCIÉTÉ DV MERCVRE DE FRANCE

XV, RVE DE I.'ÉCHAVDÉ-SAINT-GERMAIN, XV

—

M DCCC XCVII

L'HIVER

Merd'! V''là l'Hiver et ses dur'tés,
V'là l' moment de n' pus s' mett' à poils :
V'là qu' ceuss' qui tienn't la queu' d' la poéle
Dans l' Midi vont s' carapater !

V'là l' temps ousque jusqu'en Hanovre
Et d' Gibraltar au cap Gris-Nez,
Les Borgeois, l' soir, vont plaind' les Pauvres
Au coin du feu... après dîner !

Et v'là l' temps ousque dans la Presse,
Entre un ou deux lanc'ments d' putains,
On va r'découvrir la Détresse,
La Purée et les Purotains !

Les jornaux, mêm' ceuss' qu'a d' la guigne,
A côté d'artiqu's festoyants
Vont êt' pleins d'appels larmoyants,
Pleins d' sanglots... à trois sous la ligne !

Merd', v'là l'Hiver ! L'Emp'reur ed' Chine
S' fit flauper par les Japonais !
Merd', v'là l'Hiver ! Madam' Sév'rine
Va rouvrir tous ses robinets !

C' qui va s'en évader des larmes !
C' qui va en couler d' la pitié !
Plaind' les Pauvr's, c'est comm' vendr' ses charmes,
C'est un vrai commerce, un méquier !

Ah! c'est qu'on est pas muff' en France,
On n' s'occup' que des malheureux ;
Et dzimm et boum ! la Bienfaisance
Bat l' tambour su' les Ventres creux !

L'Hiver, les murs sont pleins d'affiches
Pour Fêt's et Bals de charité,
Car pour nous s'courir, eul' mond' riche
Faut qu'y gambille à not' santé !

Sûr que c'est grâce à la Misère
Qu'on rigol' pendant la saison ;
Dam'! Faut qu'y viv'nt les rastaqoères
Et faut ben qu'y r'dor'nt leurs blasons !

Et faut ben qu' ceux d' la Politique
Y s' gagn'nt eun' popularité ;
Or, pour ça, l' moyen l' pus pratique
C'est d' chialer su' la Pauvreté.

Moi, je m' dirai : « Quiens, gn'a du bon ! »
L' jour où j' verrai les Socialisses
Avec leurs z'amis Royalisses
Tomber d' faim dans l' Palais-Bourbon ;

Car tout l' mond' parle ed' Pauvreté
D'eun' magnèr' magnifique et ample,
Comm' d'eune Imag', d'eune Entité,
Mais personn' veut prêcher d'exemple !

Ainsi, r'gardez les empoyés
(Ceux d' l'Assistance évidemment)
Qui n'assist'nt qu'aux enterr'ments
Des Pauvr's qui paient pas leur loyer !

Et pis contemplons les Artistes,
Peint's, poèt's ou écrivains,
Car ceuss qui font des sujets tristes
Nag'nt dans la gloire et les bons vins !

Pour euss, les Pauvr's, c'est eun' bath chose,
Un filon, eun' mine à boulots ;
Ça s' met en dram's, en vers, en prose,
Et ça fait faire ed' chouett's tableaux !

Oui, j'ai r'marqué, mais j'ai p't'èt' tort,
Qu' les ceuss qui s' font nos interprètes
En geignant su' not' triste sort
Se r'tir'nt tous après fortun' faite !

Ainsi, t'nez, en littérature
Nous avons not' Victor Hugo
Qui a tiré des mendigots
D' quoi caser sa progéniture !

Oh ! c'lui-là, vrai, à lui l' pompon !
Quand j' pens' que, malgré ses meillons,
Y s' fit ballader les rognons
Du bois d' Boulogn' au Panthéon

Dans l' corbillard des « *Misérables* »
Enguirlandé d' Beni-bouff'-Tout
Et d' vieux birb's à barb's vénérables...
J'ai idée qu'y s'a foutu d' nous !

Et gn'a pas qu' lui ; t'nez, Jean Rich'pin
En plaignant les « *Gueux* » fit fortune ;
F'ra rien chaud quand j' bouff'rai d' son pain
Ou qui m' laiss'ra l' taper d'eun' thune !

Ben, pis Bruant et pis Zola
Y z'ont plaint les Pauvr's dans des livres,
Aussi c' que ça les aide à vivre
De l'une à l'aut' Saint-Nicolas !

Mêm' qu'Émile avait eun' bedaine
A décourager les cochons,
Et qu' lui, son ventre et ses nichons
N' passaient pus par l'av'nu' Trudaine !

Alorss, honteux, qu'a fait Zola ?
Pour continuer à plaind' not' sort
Y s'a changé en hareng saur
Et déguisé en échalas !

Ben, en peintur', gn'a z'un troupeau
Ed' peint's qui gagn'nt la forte somme
A nous peind' plus tocs que nous sommes :
(Les poux aussi viv'nt de not' peau !)

Allez ! tout c' mond' là s' fait pas d' bile,
C'est des bons typ's, des rigolos,
Qui pinc'nt eun' lyre à crocodiles
Faite ed' nos trip's et d' nos boïaux !

L' en faut, des Pauvr's, c'est nécessaire,
Afin qu' tout un chacun s'exerce,
Car si y gn'avait pus d' misère
Ça pourrait ben ruiner l' commerce.

Mais j' vas vous dir' mon sentiment :
C'est un peu trop d'hypocrisie,
Et plaindr' les Pauvr's assurément
Ça rapport' pus qu' la Poésie :

Je l' prouv', c'est du pain assuré ;
Et quant aux Pauvr's, y n'ont qu'à s'taire.
L' jour où gn'en aurait pus sur Terre,
Bien des gens s'raient dans la Purée !

Mais Jul's Simon l'a promulgué,
Paraît qu'y aura toujours d' la dèche
Et paraît qu'y a quéqu' chose qu'empêche
Qu'un jour la Vie a soye plus gaie.

Soit — Mais, moi, j' vas sortir d' mon antre
Avec le Cœur et l'Estomac
Pleins d' soupirs... et d' fumée d' tabac.
(Gn'a pas d' quoi fair' la dans' du ventre !)

J'en ai ma claqu', moi à la fin,
Des « *P'tits Carnets* » et des chroniques
Qu'on r'trouv' dans les poch's ironiques
Des genss' qui s' laiss'nt mourir de faim !

J'en ai soupé de n' pas briffer
Et d'êt' de ceuss' assez... pantoufles
Pour infuser dans la mistoufle
Quand... gn'a des moyens d' se r'biffer

Gn'a trop longtemps que j' me ballade
La nuit, le jour, sans toit, sans rien ;
(L'excès même ed' ma marmelade
A fait s' trotter mon Ang' gardien !)

(Oh ! il a bien fait d' me plaquer :
Toujours d' la faim, du froid, d' la fange,
Toujours dehors, gn'a d' quoi claquer ;
Faut pas y en vouloir à c't' Ange !)

Eh donc ! tout seul, j' lèv' mon drapeau ;
Va falloir tâcher d'êt' sincère
En disant l' vrai coup d' la Misère,
Au moins, j'aurai payé d' ma peau !

Et ça n' s'ra pas comm' les vidés
Qui, bien nourris, parl'nt de nos loques.
Ah ! faut qu' j'écriv' mes « Soliloques » ;
Moi aussi, j'en ai des Idées !

Je n' veux pus êt' des Écrasés,
D' la Muffleri' contemporaine ;
J' vas dir' les maux, les pleurs, les haines
D' ceuss' qui s'appell'nt « *Civilisés* » !

Et au milieu d' leur balthasar
J' vas surgir, moi (comm' par hasard)
Et fair' luire aux yeux effarés
Mon p'tit « *Mané, Thécel, Pharès* » !

Et qu'on m' tue ou qu' j'aille en prison,
J' m'en fous, je n' connais pus d' contraintes :
J' suis l'Homme Modern', qui pouss' sa plainte,
Et vous savez bien qu' j'ai raison !

(1894-1895)

IMPRESSIONS DE PROMENADE

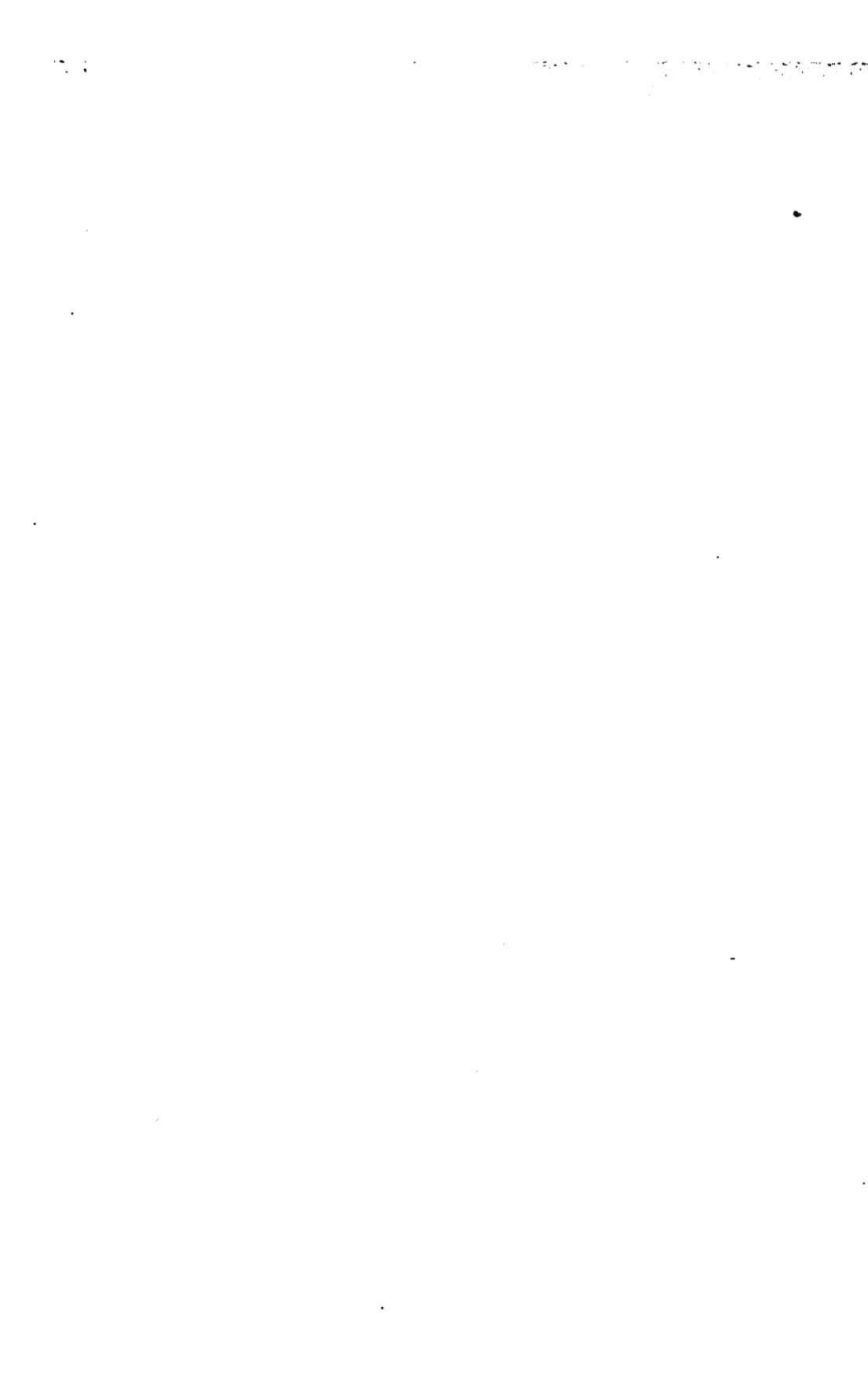

Quand j' pass' triste et noir, gn'a d' quoi rire.
Faut voir rentrer les boutiquiers
Les yeux durs, la gueule en tir'lire
Dans leurs comptoirs comm' des banquiers.

J' les r'luque : et c'est irrésistible.
Y s' caval'nt, y z'ont peur de moi,
Peur que j' leur chopp' leurs comestibles,
Peur pour leurs femm's, pour je n' sais quoi...

3

Leur conscienc' dit : « Tu t' soign's les tripes,
« Tu t' les bourr's à t'en étouffer.
« Ben, n'en v'là un qu'a pas bouffé ! »
Alors, dame ! euss, y m' prenn'nt en grippe !

Gn'a pas ! mon spectr' les embarrasse,
Ça leur z'y donn' comm' des remords.
Des fois, j' coll' ma fiole à leurs glaces,
Et y d'viennent livid's comm' des morts !

Du coup, malgré leur chair de poule,
Y s' jett'nt su' la porte en hurlant.
Faut voir comme y z'ameut'nt la foule
Pendant qu' Bibi y fout son camp !

« — Avez-vous vu ce misérable,
« Cet individu équivoque ?
« Ce pouilleux, ce voleur en loques
« Qui nous r'gardait manger à table ?

« Ma parole ! on n'est pus chez soi,
« On n' peut pus digérer tranquilles...
« Nous payons l'impôt, gn'a des lois !
« Qu'est-ce qu'y font donc, les sergents d' ville ? »

J' suis loin, que j' les entends encor.
L' vent d'hiver m'apport' leurs cris aigres.
Y piaill'nt, comme à Noël des porcs,
Comm' des chiens gras su' un chien maigre !

Pendant c' temps, moi, j' file en silence,
Car j'aim' pas la publicité.
Oh ! j' connais leur état d' santé,
Y m' f'raient foutre au clou par prudence.

Comm' ça, au moins, j'ai l' bénéfice
De m' répéter en liberté
Deux mots lus sur les édifices :
« Égalité ! Fraternité ! »

Souvent, j'ai pas d'aut' nourriture.
(C'est l' pain d' l'esprit, dis'nt les gourmets.)
Bah ! l'Homme est un muff' par nature,
Et la Natur' chang'ra jamais.

Car, gn'a des prophèt's, des penseurs
Qui z'ont cherché à changer l'Homme.
Ben quoi donc qu'y z'ont fait, en somme,
De c' kilog d' fer qu'y nomm'nt son Cœur ?

Rien de rien..... même en tapant d'ssus
Ou en l' prenant par la tendresse
Comm' l'a fait Not' Seigneur Jésus,
Qui s'a vraiment trompé d'adresse :

Aussi, quand on a lu l'histoire
D' ceuss' qu'a voulu améliorer
L' genre humain..., on les trait' de poires;
On vourait ben les exécrer :

On réfléchit, on a envie
D' beugler tout seul « *Miserere* »,
Pis on s' dit : Ben quoi, c'est la Vie !
Gn'a rien à fair', gn'a qu'à pleurer.

SONGE — MENSONGE

ESPOIR

DÉCEPTION

(TRILOGIE)

SONGE — MENSONGE

I

P'êt' ben qu'un jour gn'aura du bon
Pour l' gas qui croit pus à grand' chose,
Qu'a ben sommeil, qu'est ben morose
Et qui bourlingue à l'abandon ;

Pour l' gas qui marche en ronflant d'bout
Et qui veut pus en foutre eun' datte
Et qui risqu'rait p'êt' un sal' coup
S'il l'tait pus vaillant su' ses pattes

Et s'il n' saurait pas qu'en fin d'comptes
Pus ya d' misère et d' scélérats,
Pus ya d' l'horreur, pus ya d' la honte,
Pus ya d' pain pour les magistrats !

Oh ! p't'êt' ben qu' oui, oh ! p't'êt' ben qu' non,
Gn'aura du mieux... du neuf... du bon
Pour l' gas qui va la gueul' penchée
A l'heure où les aut's sont couchés,

Car c' soir... faut r'filer la Comète,
Malgré qu' mes pieds soy'ent en viand' crue ;
Ce soir... c' doit êt' un soir ed' fête,
C'est plein d' rigolos dans les rues !

C'est des michets, c'est des maqu'reaux,
C'est des « rastas », c'est des rapins,
Des calicots et des youpins,
Des band's de rouchi's et d' poivrots,

Des candidats au copahu,
Des jeun's genss' qui fait dans l' Commerce
Et qui s' sont dit : « Faut qu'on s'exerce
A la grand' noce, au grand chahut ! »

(Ceuss'-là y gagn't cinq cigs par mois
Et veul'nt la faire aux gas braisés)
Or pour s' payer eun' fille ed' joie
Ce soir... n' a fallu s' cotiser !

Chacun deux thun's... viv' la jeunesse !
Et les v'là quat' pour eun' gothon
Mais la pauv' môm' n'a qu'deux tétons
Et quoi qu'a fass' qu'eun' paire ed' fesses.

Un seul couch'ra... hein, quel succès !
Les aut's y s' tap'ront... sans personne
(Ah ! c' qu'on est fier d'être Français
Quand on se r'garde la colonne !)

4

Vrai ! les pauv's gas..., les malheureux,
Les crèv' d'amour..., les faméliques !
Les v'là, les viveurs fastueux
De la troisième République !

Euss', leur gueltre et leur faux chambard
Et leurs punais's à trois francs l'heure,
C'est d' la misère et du cauch'mar
Et d' la cruauté qui m'effleure.

Quand gn'en a pus... gn'en a encore,
Y piaill'nt, y rouspèt'nt... y s' querell'nt,
C'est du suffrage universel
Qui passe et qu'est content d' son sort !

II

Ah ! les veaux, tout d' mêm', les vagins,
Les salopiots..., les pauv's loufoques !
C'est pas euss qui f'ront v'nir l'Époque
Où qu' les z'Hommes y s'ront tous frangins,

Où qu' les Nations s' pass'ront des langues,
Comm' des lolott's en amitié,
Euss, y r'tourn'nt à l'orang-outangue
De la cocotte au cocotier !

Ça s'rait bath d'en faire un cocu,
D'y soul'ver eun' de ses bergères,
Mais d'puis longtemps... j'ai mal vécu,
J' suis pas sûr d'èt' eun' bonne affaire :

(Dam!... j'ai fait l' jacqu', moi, et par trop,
L' poireau d'amour pour caus' de dèche,
La crème ed' mon râb' doit èt' sèche
Comm' la moell' morte du sureau;

Puis... mal fringué... fauché... sans treffe,
J'os'rais seul'ment pas y causer :
Donc un béguin, c'est comm' des nèfes,
Quant au lapin... c'est tout posé !

Enfin! N'empêch' que v'là la puïe
Qu'y m'faut cor' n' tortorer qu' la brume
(Mêm' que c'est comm' ça qu'on s'enrhume
Et qu'on s'obtient des pneumonies).

Et n'empêch' qu'en c'te nuit d'plaisirs
Où trottaille ed' d' la bell' gonzesse
Au fin fond d' ma putain d' jeunesse
Y s' lèv' comme un troupeau d' désirs !

Et quels désirs ! Des éperdus,
Des ceuss qui font qu'on d'viendrait pègre,
Des douloureux... des ben tendus,
Vrai' band' de loups et d' gorets maigres.

C'pendant la lanc' d'vrait les noyer ;
Oui, j' t'en fous, ma viande hurl' tout' seule,
Mon cœur va m' sauter hors la gueule
Mes limandins vont aboyer !

III

Ah! qu' mes flaquants sont lourds ce soir!
Oh! un bain d' pieds... eun' pair' de pantoufes;
(J'ai trop marché dans la mistoufe
Dans la bouillasse et l' désespoir!)

Oh! n' pus êt' planqué à la dure
Et n' s'rait-ce qu'eun' nuit frimer l' marlou
Et m' les rouler dans d' la guipure
Ousqu'on verrait guincher mes poux!

Deux ronds d' tendresse... un sou d' sourire
Et deux tétons en oneillers
Pour s'y blottir, y roupiller
Et les mamourer sans rien dire :

Voui, deux tétons frais et joyeux,
Marmots lourds à gueulett's fleuries,
Lingots d'amour et d' chair chérie
Beaux et miséricordieux !

Oh ! d' la santé... eun' bonne haleine !
D' la peau jeun'... des bras de fraîcheur
Et su' tout ça coucher ma peine
Et ma fatigue de marcheur...

Car c' soir vraiment j' peux pus m' cont'nir
J'éclate ? Ya trop d' joi', trop d' morues,
Gn'a trop d' rigolos dans les rues
J' m'en vas chialer... j' m'en vas m' périr !

Assez! ou j' vas m' sortir les tripes
Et buter dans l' blair des passants,
Des premiers v'nus, des « innocents »,
Dans c' troupeau d' carn's qu'est les « bons types ».

Ceuss' là dont la joi' n' fait pas grâce,
J' m'en vas leur z'y mett' un bouchon...
Noël, Noël! Eul' l' premier qui passe
Y bouff'ra d' la têt' de cochon!...

IV

A moins qu' ça n' soy' moi qui n'écoppe !
Y aurait des chanc's pour qu' d'eun' mandale
Un d'euss' m'envoy' râper les dalles
Du Rat Mort au café Procope.

Car euss' n'ont pas diné... d' mépris
Ni déjeuné d'un paradoxe.
Tous ces muff's-là, c'est bien nourri,
Ça fait du sport... ça fait d' la boxe.

Puis quand même ej' s'rais l' pus costeau
(Faut ben voir la réalité),
Quand on est seul à s' révolter
Les aut's boug'nt pas pus qu' des poteaux.

Alorss? Quoi fair'? S' foutre à la Seine?
Mais j' suis su' Terr', faut ben qu' j'y reste ;
Allons r'marchons... rentrons not' geste
Pour cett' fois... ça vaut pas la peine !

ESPOIR

V

Comment qu' ça s' fait qu' les taciturnes,
Les fous-la-faim, les gas comm' moi,
Les membr's du « *Brasero nocturne* »,
Gn'en a pus d'un su' l' pavé d'bois;

Ceuss qu'ont du poil et d' la fierté,
Les inconnus..., les ceuss' qu'on frôle,
Souffr'nt ce qu'y souffr'nt sans rouspéter
Et pass'nt en couchant les épaules?

5

C'est-y que quand le ventre est vide
On n' peut rien autr' que s' résigner,
Comm' le bétail au front stupide
Qui sent d'avance qu'y s'ra saigné?

Comment qu' ça s' fait qu' la viande est lâche
Et qu'on n' tent'rait pas un coup d' chien
Et qu' moins on peut... moins qu'on s' maintient.
Plus on s' cramponne et plus qu'on tâche?

(Car c'est pas drôl' d'êt' sans coucher
Pour la raison qu'on est fauché,
Et d' pas s' connaître eun' tit' maîtresse
A caus' qu'on est dans la détresse!)

(L' droit au baiser existe trop
Pour les rupins qu' est débauchés,
Pour les barbes, pour les michets;
Le sans-pognon..., lui, baise... la peau!)

(Pourtant, vrai, on sait c' qu'est la Vie
Qui s' traduit par l' mêm' boniment
Qu' dans la galette ou l' sentiment
On vous fait jamais qu' des vach'ries!)

Donc, comment qu' ça s' fait qu'on fait rien,
Qu'on a cor' la force ed' poursuivre
Et qu' malgré tout, ben, on s' laiss' vivre
A la j' m'en-fous, à la p'têt' bien?

Oh! C'est qu' chacun a sa chimère
Et qu' pus il est bas l' purotain,
Pus qu'il infus' dans les misères,
Pus que son gniasse est incertain,

Et qu' moins y sait où donner d' l'aile,
Comme en plein jour l'oiseau du soir,
Pus qu'y se r'suce dans la cervelle
Deux grains d' mensonge et un d'espoir!

Espoir de quoi? Dam! ça dépend :
Gn'en a qu' espèr'nt en eun' Justice,
D'aut's en la Gloir' (ça, c'est un vice.....
Leur faut dans l' fign' trois plum's de paon !).

Mais l' pus grand nombr'... l'est comme' mézigue,
Y rèv' d'un coin qui s'rait quéqu' part,
N'importe, y n' sait, où pour sa part
Y verrait flancher sa fatigue :

Un endroit ousque, sans charger,
Ça r'ssemblerait à d' la vrai' Vie,
A d' l'Amour et à du manger,
Mais pas comm' dans les théories.

Un soir d'été, deux brins d' persil,
Eun' tit' bicoque à la campagne
Et queuqu' chose à s' mett' dans l' fusil
(C'est pas des châteaux en Espagne !)

Car y vient eune heure à la fin
Où qu' chacun veut vivre en artisse :
L' rupin... à cause des rhumatisses
Et l' pauvr' pour bouffer à sa faim.

Voui! D' la guimauv', du sirop d' gomme
Pour chacun en particulier;
Mais v'là l' chiendent, v'là l' singulier,
On vourait ça pour tous les Hommes!

V. I

Car, gn'a pas, on est fatigué,
On n' donn' pus dans la Politique,
Ses pantins noirs et leur chiqué;
On sait qu' tout ça, c'est des « pratiques ».

On rigol' d'eun' Fraternité
Où mêm' quand c'est l' Milord qu' étrenne
Et qu' c'est son tour d'èt' dans la peine,
Ses frangins (!) l'y laiss'nt barboter.

On s' fout d'un Dieu qui, s'il existe,
A sûr'ment dû nous oublier ;
Car d'puis l' temps qu'on l'a supplié,
L' aurait pu fair' la Vi' moins triste !

On commenc' par avoir son crible
Des loufoqu'ries de nos aïeux ;
On vourait pas, si c'tait possible,
On vourait pas trinquer pour eux..

Nous on est droits... nous on respire
(Ça n'est déjà pas si cocasse);
Porquoi qu'y faut payer la casse
Du preumier et du s'cond Empire?

On a soupé des comédies,
Des moral's, des phizolofies,
L'Homm' doit pus fair' que son plaisir
Et la beauté de ses désirs.

On s'en fout des Idéalisses
Qui su' not' râb' se chamaillaient
Et des z'avocats socialisses
Poilus, gueulards et marseillais!

On marche pus pour êt' martyrs
Ou d' la confitur' d'insurgés,
Comm' ceuss dont les z' oss'ments doiv'nt dire :
— Malheur! Quand c'est qu'on s'ra vengés?

Porquoi qu'on s'rait viande à mitrailles
Pour flingots à « persécussions » ?
De Fourmies on r'monte à Versailles,
C'est toujours les mêm's solutions.

On croit s' battr' pour l'Humanité,
J' t'en fous... c'est pour qu' les Forts s'engraissent
Et c'est pour que l' Commerce y r'naisse
Avec bien plus d' sécurité.

On se souvient des Communeux
Dont on questionnait la cervelle
En leur plantant dans les vitreux
Des coups d' ribouis... et d' point's d'ombrelles.

Et quand on r'tombe au temps présent,
On n' trouv' pas ça plus amusant;
Y font vomir les satisfaits
A qui pus rien ne fait d'effet;

Et vomir, les poir's, les bett'raves,
Les résignés à tronch's d'esclaves
Et tous les genr's de révoltés
Qui finiss'nt par êt'... députés!

Nous, on veut pus se l' laisser mettre,
Vaut mieux s' tourner les pouc's en rond :
Quand un larbin y parvient maître
L' est cor pus muff' que son patron !

De quoi? S' fair' scier pour ces gas-là?
Fair' monter l' tirag' des gazettes ?
Y val'nt pas l' coup, vrai, nom de d' là,
Qu' y z' y restent aux wouater-clozettes !

A part quéqu's-uns qu' ont d' la bonté,
Les aut's sont par trop sûrs d'eux-mêmes ;
Laissons les flemmards à leur flemme
Et les salauds dans leur sal'té !

Voui, qu' y z' y pionc'nt dans leur purin
Plein d'or, d' laideurs et d'arrogance ;
Vrai, y manqu'nt par trop d'élégance.
Y m' dégoût'nt, mes Contemporains !

VII

Donc, chacun il a sa chimère,
(Mêm' qu'il en est l'unique amant);
Bibi a la sienne égal'ment.....
Suffit... j' m'entends... c'est m' n' affaire !

Voui, j' suis un typ', moi, j'en ai d' bonnes;
Quand les aut's y sont dans leurs lits,
Bibi y trimballe eun' Madone :
Notre-Dame des Démolis !

Et pis pus crevant d' l'l'aventure,
Qui fait mon chagrin panaché,
C'est qu' c'est lorsque j' suis l' pus fauché,
L' pus dans la nasse el' l' pus dans l'ordure,

C'est quand j' vaudrais pas mêm' eun' claque,
Quand j'donn'rais pas deux ronds d' ma peau
Et qu' « le long, le long du ruisseau »
J' vou'rais m' fondre et devenir flaque,

C'est quand j' me sens l' pus loqu'taillon,
Quand j' mâch' mes cris comm' des cartouches,
C'est quand j' suis l' pus rauque et farouche
Qu'à m'apparait comme un rayon !

Voui, quand j' vas ruer dans les brancards,
Tout par un coup v'là qu'a s'élève,
La Cell' qui dort au fond d' mes rêves
Comme eun' bonn' Vierg' dans un placard !

Qui c'est ? J' sais pas, mais alle est belle :
A s'lève en moi en Lun' d'Été,
Alle est postée en sentinelle
Comme un flambeau, comme eun' clarté !

A m' guette, alle écout' si j' l'appelle
Du fond du soir et du malheur ;
Mèm' qu'elle a les tétons en fleurs
Et tout l'Amour dans les prunelles !

Qui c'est ? J' sais pas... p'tét' la Beauté
(A moins qu' ça n' soy' la Charité).
En tout cas c'est moi qu'alle attend
Et v'là déjà pas mal de temps.

Sûr c'est pas eun' gerce à la roue
Qui m' mépris'ra pour manqu' de carme
Et tant que j' pilonn'rai la boue
Arpions en sang, châsses en larmes.

Sûr que c'est pas eune Égérie
Qui, bien qu' repoussant du flingot,
F'rait p'têt' sa tourte et sa sûrie
Pass'que j' jacqu'trai en parigot;

Et non pus eun' fille ed' romances
Qui s'enverrait l'Hercul' du Nord
Ou, pour endormir ses souffrances,
M' f'rait des queues avec un ténor !

Ni eun' virago, sac à schnick,
Qui, pour soigner mon estomac,
M' pass'rait tous les jours à tabac
Comm' si qu' j'aye épousé un flick (1)

Ni eun' bergeoise qui f'rait ses magnes
(Eune épateuse ed' calicots)
Et l'raffût des toupies d'Allemagne
(Voyez rayons des boucicauts).

Ni eun' détraquée, eun' pourrie,
Eune écriveuse à faux jaspin,
Ni eun' pouffiasse à front d' Marie
Qui s'appuierait des marloupins !

Qui c'est ? J'sais pas, alle est si loin !
Alle est si pâle dans l' soir qui tombe
Qu'on jur'rait qu'a sort de la tombe
Ousqu'on s'marierait sans témoins.

Mais à forc' d'errer et d'muser
Su' des kilomèt's de bitume,
Quéqu' soir d' horreur et d'amertume
Ej' m' cogn'rai p'têt dans son baiser !

— Mais d'qui donc feignant, mâche-angoisse,
Princ' des Couillons, mine à croquis,
Gibier d' Poissy qu'a l'taf qu'on l' poisse,
Non, mais, dis-nous donc l' baiser d' qui ?

— T'en as d' l'astuce, c'est épatant !
Ousqu'alle est ta Blanche, ta Radieuse,
Tu t'es pas vu, eh ! dégoûtant,
Toi et ta requinpett' pouilleuse ?

. . . .

Ben, ma foi, si, gn'a pas moyen,
C'est pas ça qu'empêch'ra que j' l'aime !
Allons, r'marchons, suivons not' flemme,
Rêvons toujours, ça coûte rien !

DÉCEPTION

VIII

Quand j' m'amèn'rai su' la Mason
Qu' j'ai dans l'idée, au coin d' ma vie,
Elle a s'ra just' su' sa sortie
Pour aller fair' ses provisions.

Dès qu'a m' verra, mince ed' girie !
(Un vrai coup d' tronche en plein nichons)
Et comm' tout par un coup r'froidie,
A d'viendra blanch' comme un torchon !

— Ah ! (Et a s'mettra pour prier :)
— Seigneur ! Jésus ! Mari'-Mad'leine !
Et tous ceuss' du calendrier
Qui s' fout'nt ed' d'la misère humaine.

— Ah ! ben vrai... bonsoir ? Quiens ! Te v'là ?
Ça n'est pas trop tôt, mon bonhomme,
Allons, approche, amèn'-toi là,
D'où c'est qu' tu viens ? Comment qu' tu t' nommes ?

— T'as l'air tout chose... tu t'sais en r'tard ;
Mais j'te dis rien pass' que tu t' traînes
Et qu' t'as l'air d'avoir ben d' la peine
D'êt' ben massif, d'êt' ben mastar !

— Mon guieu qu't'es grand ! Mon guieu qu't'es maigre !
Ben sûr..... tu n'es pas..... financier,
Ni député...., ni marle...., ni pègre,
Sûr que t'as z'un foutu méquier !

— Tes clignotants sont fatigués !
Tes ployants grinc'nt comm' des essieux,
T'es moche...., t'es vidé...., t'es chassieux,
T'es à fond d'cale...., t'es déglingué ;

— Sûr ! T'as pas eu ta suffisance.
Ed' brich'ton, d' sommeil et d'amour
Et t'es z'os qu'on doit voir à jour,
Ça n'est guèr' d' la « réjouissance » !

— T'as pus d' grimpant... t'as pus d' liquette,
Tes lappe-la-boue bâill'nt de Douleur,
Et pour c' qui est d' ta requinpette
Alle est taillé' dans du malheur !

— Qui c'est ton parfum ? dis ? des fois ?
(On pourrait t' pister à la trace.)
— Mossieu a mis son sifflet d' crasse,
Mossieu va dans l' monde à c' que j' vois !

— Ton bloum ! y dat' du grand Empire !
Ta p'lur' grelotte, eh ! grelotteux !
Et j' devin' cor' à ton sourire
Qu' ton cœur aussi est ben loqu'teux !

— T'as dû n'avoir l'âme azurée
D' l'instruction... d' l'astuce et d' l'acquis
Car avec ça t'as l'air... marquis,
Oh ! mais... d'un marquis d' la Purée.

— J'te connais comm' si j' t'avais fait,
T'es un rêveur..., t'es z'eun' vadrouille ;
T'as chassé que c' que tu rêvais
Et t'es toujours rev'nu bredouille :

— T'as tell'ment r'filé la comète
Qu'on la croirait' cor' su' ton front ;
T'as du blanc d' billard su' la tête
T'as comme eune Étoil' su' l' citron !

— Cause un peu, si ça t'est possible !
Ai' pas peur, cause ?... Pheu ! c'est natté.
Oh! c' qu'il est gonflé, ton Sensible,
On croirait qu' y va éclater !

— Gn'a ben longtemps que j' t'espérais
Et j' comptais pus su' toi, à c't' heure ;
Mais pisque te v'là et qu' tu pleures,
Stope ! on verra à voir après :

— Si ça t' botte on f'ra compagnons
(Bien qu' tu soye schnocke et qu' tu trouillotes)
Mais j' t'aim' comm' ça.... c'est mes z'ognons
Et tout l' reste il est d' la gnognotte !

— Arr'pos'-toi donc, va... fais un somme,
T'es pas pressé... tu viens d' si loin ;
Les pur sang qui sont pas des hommes
Roupill'nt ben tout l' long d' leur besoin ;

— Dors... laiss' tout ça s'organiser,
J' suis la Beauté... j' suis la Justice,
Et v'la trente ans que tu t' dévisses,
Qu' t'es en marche après mon baiser !

— T'es ben un galant d' not' Époque,
Un d' nos cochons d' contemporains
Qu'ont l' Délicat et l' Juge en loques
Et n' sav'nt où donner du groïn.

— Ah ! c' que t'as pris... non, c'est un rêve !
Et j'ai qu'à voir ton ciboulot
Pour deviner qu' ta part d' gâteau
Ne cont'nait sûr'ment pas la fève :

— T'as d' l'orgueil, d' la simplicité,
Et d'vant la Vie, t'as fait ta gueule ;
T'as d' l'usage... d' la timidite,
T'es digne, t'es maigre, t'es jeune... t'es meule !

— Aussi on n' te gob' pas beaucoup,
T'offens's les muff's ; t'es bon pour l' bagne.
Comment, sagouin, t'avais pas l' sou
Et tu f'sais ta poire et tes magnes ?

— Quiens... maint'nant, causons des gonzesses
(Qué Sologne ce fut... tes vingt ans !)
Aucune a compris les tendresses
Qui braisoy'nt dans tes miroitants :

— Et t'es cor deuil et plein d' méfiance
A cause des fauvett's qui dans l' temps
Ont fait pipi su' tes croyances
Et caca su' ton Palpitant;

— Et des nombreus's qui censément
T'ont mené au pat'lin jonquille
Et chahuté les sentiments
Comm' des croquants couch'nt un jeu d' quilles.

— Et les ment'ries qu' tu sais déjà ;
Nib ! T'en veux pus pour un empire :
Hein : — « Cœurs de femm's, cœurs de goujats »,
Et les meilleur's... a sont les pires !

— N' te tracass' pas, va... dors mon gosse !
Dodo mon chagrin... mon nouné,
La France est un pays d' négoce,
Tu sauras jamais t'y r'tourner !

(Car la Femme a n'a qu'un pépin,
Son mâl' s'rait-y l' roi des Rupins,
L' pus marioll' de tous les royaumes,
Pour Elle... c'est jamais qu'un pauv' môme.)

IX

Et v'là. — A caus'ra jusqu'au jour
Comm' ça en connaissanc' de cause ;
Ses mots... y s'ront des grains d'amour,
Et en m' disant tout's ces bonn's choses,

Jusqu'à c' que la Blafarde a s'couche
Dans son plumard silencieux,
A mettra ses mains su' ma bouche
Et pis ses bécots plein mes yeux.

(Car nous deux ça bich'ra tout d' suite
Et pour sçavoir si j' suis amé
Sûr, j'aurai pas besoin d' plumer
L' volant mignon des marguerites !)

J' m'y vois. — A m' prendra dans ses bras
Comme eun' moman quient son moutard,
Comme un goualant d' ru's sa guitare
Et a m' f'ra pleurer c' qu'a voudra.

Pour moi, ça s'ra mossieu Dimanche
(J'y caus'rai pas... gn'en aurait d' trop !)
J' s'rai là, crevé, langu' dans les crocs
Comme un vieux canasson qui flanche.

Dormir alors... ah ! j' dormirai
L'instant où j' la rencontrerai !
Oh ! là là, qué coup d' traversin :
(Le tsar y s'ra pas mon cousin !)

Dormir... dormir, jusqu'à Midi !
Qu'a soye putain, qu'a soye pucelle,
Le blair dans l' poil de son aisselle
Comme un moignieau qui rentre au nid !

Sûr qu'a s'ra franch', gironde et bonne,
Son cœur y s'ra là pour un coup,
Et ses tétons y s'ront si doux
Que j' la prendrai pour eun' daronne.

Et loin des gonciers charitables,
Des philanthrop's... des gas soumis,
J'aurai d' la soup', du rif, eun' table
Et du perlo pour les z'amis !

(Fini l' chiqué des vieux gratins,
Des pauv's vieux cochons balladeurs,
Fini, Mam' Poignet et ses leurres
Solitaires et clandestins !)

Ah ! nom de d'là ! ce que j' l'am'rai
(Gn'aura qu'Ell' qui s'ra ma Patrie)
Elle et pis sa jeuness' fleurie
Comme eul' l' Luxembourg au mois d' Mai !

Ah ! quand c'est que j'y parviendrai
A la Mason de Son Sourire,
Quand c'est donc que je pourrai m' dire :
— Ma vieill', ça y est, tu vas t' plumer !

Si c'est l'Hiver... p'tèt' qu'y f'ra chaud,
Si c'est l'Été p'tèt' qu'y f'ra tendre,
Mais qu'y lansquine ou qu'y fass' beau,
Mon guieu... comme y f'ra bon d' s'étendre !

Voui, dormir... n' pus jamais rouvrir
Mes falots sanglants su' la Vie,
Et dès lorss ne pus rien savoir
Des espoirs et des désespoirs,

Qu' ça soye le soir ou ben l' matin,
Qu'y fass' moins noir dans mon destin,
Dormir longtemps... dormir... dormir !

. . . .

. . . .

Ho ! mais bon sang ! Cell' que j'appelle
Ça s'rait-t'y pas la Femme en Noir
Qu'est à coup sûr la pus fidèle ?

Oh ! là là vrai ! La Dame en noir
(Qu'un jour tout un chacun doit voir
Aux lueurs des trent'·six chandelles
Qu'on allum' pour la recevoir) :

Tonnerr' de dieu, la Femme en Noir,
La Sans-Remords... la Sans-Mamelles,
La Dure-aux-Cœurs, la Fraîche-aux-Moelles,
La Sans-Pitié, la Sans-Prunelles,
Qui va jugulant les pus belles
Et jarnacquant l' jarret d' l'Espoir :

Vous savez ben... la Grande en Noir
Qui tranch' les tronch's par ribambelles
Et dans les tas les pus rebelles,
Envoye son Tranchoir en coup d'aile
Pour fair' du Silence et du Soir !

(Et faire enfin qu'il y ait du bon
Pour l' gas qui rôde à l'abandon).

LE REVENANT

I

I

Des fois je m' dis, lorsque j' charrie
À douète... à gauche et sans savoir
Ma pauv' bidoche en mal d'espoir,
Et quand j' vois qu' j'ai pas l' droit d' m'asseoir
Ou d' roupiller ed' d'ssus l' trottoir
Ou l' macadam de « ma » Patrie,

e m' dis : — Tout d' mêm', si qu'y r'viendrait !
Qui ça ?... Ben quoi ! Vous savez bien,

Eul' l' balladeur galiléen,
L' Rouquin au cœur pus grand qu' la Vie !

De quoi ? Ben, c'lui qui tout lardon
N' se les roula pas dans d' beaux langes
A caus' que son double daron
Était si tell'ment purotain
Qu'on l'accoucha su' du crottin
Comm' ça à la dure, à la fraiche,
A preuv' que la paille ed' sa crèche
Navigua dans d' la bouse de vache.

Si qu'y r'viendrait, l'Agneau sans tache
Si qu'y r'viendrait, l' Bâtard de l'Ange ?
C'lui qui pus tard s' fit accrocher
A trent'-trois berg's, en plein' jeunesse
(Mêm' qu'il est pas cor dépendu !),
Pour l' plaisir d' rach'ter ses frangins
Qui euss l'ont vendu et r'vendu ;
Car tout l' monde en a tiré d' l'or

D'puis Juda jusqu'à Grandmachin !

L' gas dont l' jacqu'ter y s'en allait
Comm' qui eût dit un ruisseau d' lait
Mais qu'a tourné, qui s'a aigri
Comm' le lait tourn' dans eun' crém'rie
Quand la crémière a ses anglais !

(La crémièr', c'est l'Humanité
Qui n' peut approcher d' la Bonté
Sans qu' cell'-ci, comm' le lait n' s'aigrisse
Et n' tourne aussitôt en malice !)

Si qu' y r'viendrait ! Si qu' y r'viendrait
L'Homm' Bleu qui marchait su' la mer
Et qu'était la Foi en ballade :

Lui qui pour tous les malheureux

Avait putôt sous l'téton gauche
En façon d' cœur..... un Douloureux.
(Preuv' qu'y guérissait les malades
Rien qu'à les voir dans l' blanc des yeux,
C' qui rendait les méd'cins furieux.)

L' gas qu'en a fait du joli
Et qui pour les muffs de son temps
N'tait pas toujours des pus polis !

Car y disait à ses apôtres :
— Amez-vous ben les uns les autres,
Faut tous êt' copains su la Terre,
Faurait voir à c' qu'y gn'ait pus d' guerres
Et voir à n' pus s' buter dans l' nez,
Autrement vous s'rez tous damnés.

Et pis encor :
            — Malheur aux riches !

Heureux les poilus sans pognon
Un câble y s'enfil'rait ben mieux
Par le petit trou d'eune aiguille
Qu'un michet n'entrerait aux cieux !

L' mec qu'était gobé par les femmes
(Au point qu' c'en était scandaleux)
L'Homme aux beaux yeux, l'Homme aux beaux rêves,
Eul' l'charpentier toujours en grève,
L'artiss', le meneur, l'anarcho,
L'entrelardé d' cambrioleurs
(Ça s'rait-y si paradoxal ?)
L' gas qu'a porté su sa dorsale
Une aut' croix qu' la Légion d'Honneur !

II

Hein ! si qu'y r'viendrait, si qu'y r'viendrait !
Tout d'un coup... ji... en sans-façons
L' modèl' des méniss's économes,
Lui qui gavait pus d' cinq mille hommes
Avec trois pains et sept poissons.

Si qu'y r'viendrait juste ed' not' temps
Quoi donc qu'y s' foutrait dans l' battant ?

Ah lui, dont à présent on s' fout
(Surtout les ceuss qui dis'nt qu'ils l'aiment).

P'têt' ben qui n'aurait qu' du dégoût
Pour c' qu'a produit son sacrifice
Et qu' cette fois-ci en bonn' justice
L' aurait envi' d' nous fout' des coups !

Si qu'y r'viendrait... si qu'y r'viendrait
Quéqu'jour comm' ça, sans crier gare
En douce, en pénars, en mariolle,
De Montsouris à Batignolles
Nom d'un nom ! Qué' coup d' Trafalgar !

Devant cett' figur' d'honnête homme
Quoi qu'y diraient nos négociants ?
(Lui qui bûchait su' les marchands)
Et c'est l' Pap' qui s'rait affolé
Si des fois y pass'rait par Rome

(Le Pap', qu'est pus rich' que Crésus.)
J'en ai l' frisson rien qu' d'y penser
Si pourtant qu'y r'viendrait Jésus !

Lui, et sa gueul' de Désolé ?

II

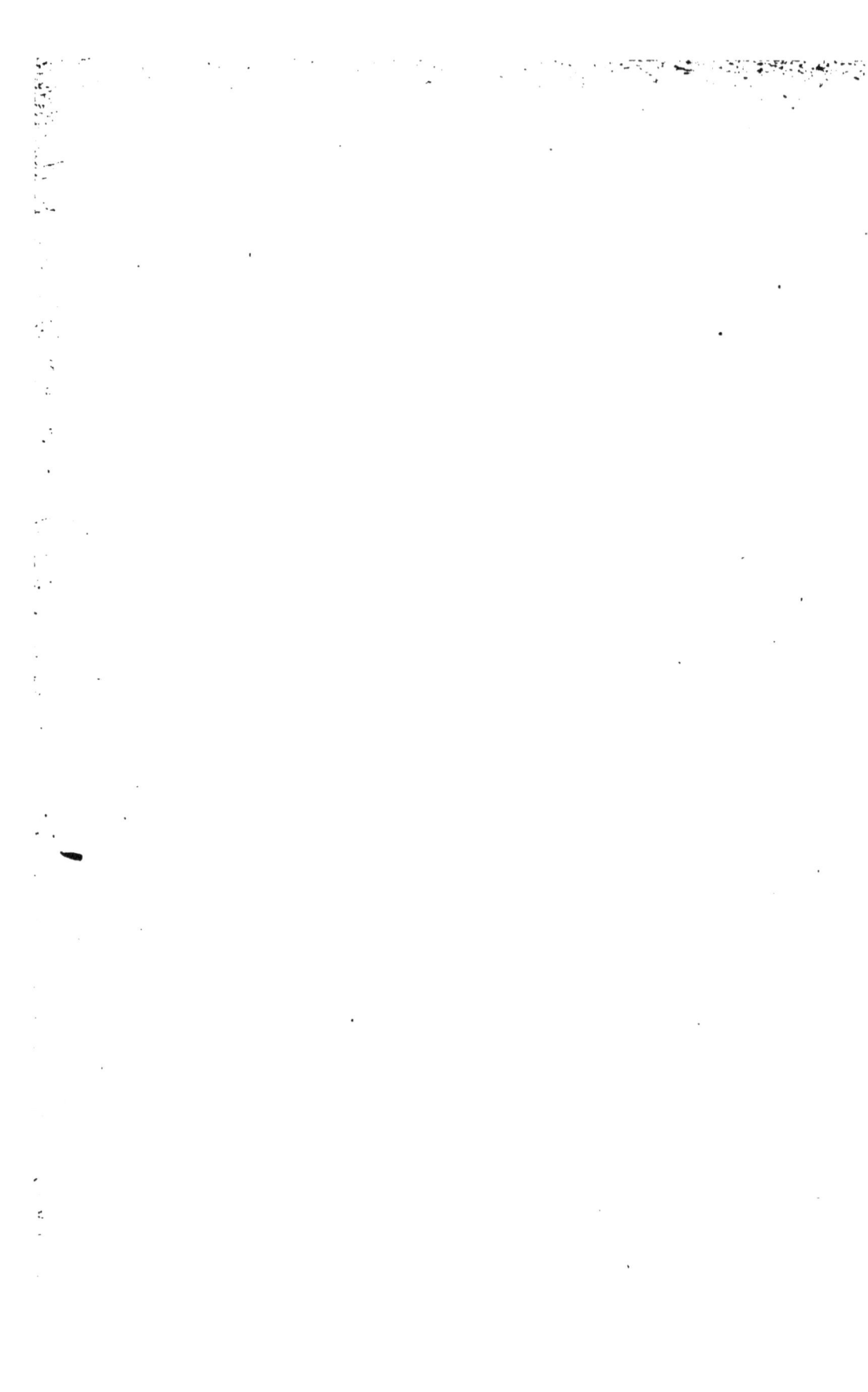

III

Eh! ben moi... hier, j' l'ai rencontré
Après menuit, au coin d'eun' rue
Incognito comm' les passants
Des tifs d'argent dans sa perrugue
Et pour un Dieu qui s' paye eun' fugue
Y n'était pas resplendissant!

Il est v'nu su' moi et j'y ai dit :
— Bonsoir... te v'là? Comment, c'est toi?

(Comme on s' rencontre... n'en v'là eun' chance !
Tu m'épat's... t'es sorti d' ta Croix ?
(Ça n'a pas dû êt' très facile...)
Ben... ça fait rien va... malgré l' froid,
Malgré que j' soye sans domicile
J' suis content d' fair' ta connaissance !

— C'est vraiment toi... gn'a pas d'erreur !
Bon sang d' bon sang... n'en v'là eun' tuile
Qué chahut d'main dans Paris
Oh ! là là qué bouzin d' voleurs !
(Les jornaux vont s' vend' par cent mille !
— Eud'mandez : « LE R'TOUR D' JÉSUS-CHRIST ;
— Faut voir : « L'ARRIVÉE DU SAUVEUR !! »

— Ho ! tas d' gouapeurs ! Hé pauv's morues,
Sentinelles des miséricordes,
Vous savez pas, vous savez pas ?
(Gn'a d'quoi se l'extraire et s'la morde !)
Rappliquez, chaud ! Gn'a l' fils de Dieu

Qui vient d' déringoler des cieux
Et qui comme aut'fois est sans pieu,
Su' l' pavé... quoi... sans feu ni lieu
Comm' nous les muffs, comm' vous les grues!!

— (Chut! fermons ça... v'là les agents.)
T'entends leur pas... intelligent?
Y s' charg'raient d' nous trouver eun' turne
(Viens par ici... pet! crucifié.)
Tu sais... faurait pas nous y fier.
Déjà dans l' squar' des Oliviers,
Tu as fait du tapag' nocturne!

— Aujord'hui... ça s'rait l' mèm' tabac
Autrement dit, la même histoire
Et je n' te crois pus l'estomac
De r'subir la scèn' du Prétoire...

— Viens! que j' te regarde... ah! comme t'es blanc.
Ah! comm' t'es pâle... comm' t'as l'air triste.
(T'as tout à fait l'air d'un artiste!
D'un de ces poireaux qui font des vers
Malgré les conseils les plus sages,
Et qu' les borgeois guign'nt de travers,
Jusqu'à c' qu'y fass'nt un rich' mariage!)

— Ah! comm' t'es pâle... ah! comm' t'es blanc
Tu grelottes, tu dis rien... tu trembles.
(T'as pas bouffé sûr... ni dormi!)
Pauv' vieux va... si qu'on s'rait amis?
Veux-tu qu'on s'assoye su' un banc,
Où veux-tu qu'on ballade ensemble?

— Ah! comm' t'es pâle... ah! comm' t'es blanc,
T'as toujours ton coup d' lingue au flanc?
De quoi... a saign'nt encor tes plaies?
Et tes mains... tes pauv's mains trouées
(Qui c'est qui les a déclouées?)

Et tes pauv's pieds nus su' l' bitume,
Tes pieds à jour... percés au fer,
Tes pieds crevés font courant d'air,
Et tu vas chopper un bon rhume!

— Ah! comm' t'es pâle... ah! comm' t'es blanc,
Sais-tu qu' t'as l'air d'un Revenant,
Ou d'un clair de lune en tournée?
T'es maigre et t'es dégingandé,
Tu d'vais êt' comm' ça en Judée
Au temps où tu t' proclamais Roi!
A présent t'es couleur d' farine
Tu dois t'en aller d' la poitrine
Ou ben... c'est ell' qui s'en va d' toi!

— 'Quèqu' tu viens fair'? T'es pas marteau?
D'où c'est qu' t'es v'nu? D'en bas, d'en haut?
Quelle est la rout' que t'as suivie?
C'est-y qu' tu recommenc'rais ta Vie?

Es-tu venu sercher du cravail?
(Ben... t'as pas d' vein', car en c' moment
Mon vieux, rien n' va dans l' bâtiment);
(Pis, tu sauras qu' su' nos chantiers
On n' veut pus voir les étrangers!)

— Quoi tu pens's de not' Société?
Des becs de gaz... des électriques.
Ho! N'en v'là des temps héroïques!
Voyons? Cause un peu? Tu dis rien!
T'es là comme un paquet d' rancœurs.
T'es muet? T'es bouché, t'es aveugle?
Yaou...! T'entends pas ce hurlement?
C'est l' cri des chiens d' fer, des r'morqueurs,
C'est le cri d' l'Usine en mal d'enfant,

C'est l'Désespoir actuel qui beugle!

I V

— Ed' ton temps, était-ce comme aujord'hui ?
Quand un gas tombait dans la pure
Est-ce qu'on l' laissait crever la nuit
Sans pèze, sans rif et sans toiture ?

— (Pass' que maint'nant gn'a du progrès,
Ainsi quand gn'a trop d' vagabonds
Ben on les transmet au Gabon.)
Ceux d' bon gré... et ceux d' mauvais gré

Et ceuss comm' toi qu' ont la manie
D' trouver que l' monde est routinier,
Ben on les fout dans l' même pagnier
(Dam ! le Français est casanier,
Faut ben peupler les colonies !)

— On parle encor de toi, tu sais !
Voui, on en parle en abondance,
On s' fait ta tête et on s' la paie,
T' es à la roue... T' es au théâtre,
On t' met en vers et en musique,
T' es d'venu un objet d' guignol
(Ça ça veut dir' qu' tu as d' la Guigne.)

— Ousqu'il est ton ami Lazare ?
Et Simon Pierre ? Et tes copains...
Et Judas qui bouffait ton pain
Tout en t' vendant comme au bazar ?
Et tes frangins... et ta daronne
Et ton dab, qu' était ben jean-jean !

Te v'là, t'es seul ! On t'abandonne !

— Et Mad'leine ? Ousqu'alle est passée ?
(Ah ! pauv' Mad'leine... pauv' défleurie,
Elle et ses beaux nénés tremblants,
Criant pitié, hurlant misère,
Ses pauv's tétons en pomm's d'amour
Qu' étaient aussi deux poir's d'angoisse
Qu'on s' s'rait ben foutu dans l' clapet.)

— (C'était la paix, c'était la Vie !)
Ah ! tout fout l' camp et vrai, ma foi,
T' aurais mieux fait d' te mett' en croix
Contr' son ventr' nu... contr' sa poitrine,
Ces dardés-là n' t' euss'nt pas blessé.
Sûr t' aurais mieux fait... d' l'embrasser :
A n'avait un pépin pour toi !

V

Ah ! généreux !... ah ! Bien-aimé,
Tout ton monde y s'a défilé
Et comm' jadis, au Golgotha :
Eli lamma Sabacthani,
Ou n, i, ni, c'est bien fini.

Eh ! blanc youpin... eh ! pauv' raté !
Tout ton Œuvre il a avorté.
Toi, ton Étoile et ta Colombe
Déringol'nt dans l'éternité ;
Tu dois en avoir d' l'amertume.
(Nom de d'là, v'là la neig' qui tombe :
On croirait tes Anges qui s' déplument.)

Là, là, mon pauv' vieux, qué désastre !
Gn'en a pas d' pareil sous les astres,
Et faut qu' ça soit moi qui voye ça ?
Et dir' que nous v'là, toi z'et moi,
Des bouffe-la-guign', des citoyens
Qu' ont pas l' moyen d'avoir d' moyens,

Et que j' suis là, moi, bon couillon,
A t' causer, à t' fair' du chagrin,
Et que j' sens qu' tu vas défaillir
Et que j'ai mêm' rien à t'offrir,
Pas un verre... un bol de bouillon !

Ohé, les beaux messieurs et dames
Qui poireautez dans les Mad'leines,
Curés, évêques, sacristains,
Maçons, protestants, tout' la clique,
Maqu'reaux d' vot' Dieu, hé ! catholiques,
Envoyez-nous un bout d'hostie :

Gn'a Jésus-Christ qui meurt de faim !

VI

— Et pourtant, vrai, c' qu'on caus' de toi !
(Ah ! faut voir ça dans les églises,
Dans les jornaux, dans les bouquins !)
Tout l' monde y bouff' de ton cadavre
(Mêm' les ceuss qui t'en veul'nt le plus !)

Sous la meilleur' des Républiques
Gn'en a qu' ont voulu t' décrocher,
D'aut's inaugur'nt des basiliques
Où tu peux seul'ment pas coucher :

— Et tout ça s' passe en du clabaud !
Et quand y faut payer d'.sa peau,
Quand faut imiter l' fils de l'Homme,
Oh ! là, là... gn'a rien d' fait... des pommes !
Les sentiments sont vit' bouclés,
A la r'voyure, un tour de clé !
Les uns y z'ont les pieds nick'lés,
Les aut's y les ont en dentelles !

— (Toi au moins, t'étais un sincère,
Tu marchais... tu marchais toujours ;
(Ah ! cœur amoureux, cœur amer,
Tu marchais mêm' dessur la mer
Et t'as marché jusqu'au... Calvaire !)

— Et dir' que nous v'là dans les rues
(Moi, passe encor, mais toi ! Oh ! toi !)
Et nous somm's pas si loin d' Noël ;
T'es presque à poils comme autrefois,
Tout près du jour où ta venue

Troublait les Brillants et les Rois!
Ah! mes souv'nirs... ah! mon enfance
(Qui s'est putôt mal terminée)
Mes ribouis dans la cheminée,
Mes mirlitons, mes joujoux d' bois!

— Ah! mes prièr's... ah! mes croyances!

— Mais! gn'a donc plus rien dans le ciel!

— Sûr! gn'a pus rien! Quelle infortune!
(J' suis mêm' pas sûr qu'y ait cor la Lune.)
Sûr! gn'a pus rien, mêm' que peut-être
Y gn'a jamais, jamais rien eu.....

VII

Mais à présent... quoi qu' tu vas foutre !
Fair' des bagots... ou ben encor
Aux Hall's... décharger les primeurs !
(N' va pas chez Drumont on t' bouffrait)
Après tout, tu n'étais qu'un youtre !

— Si j' te servais tes Paraboles !

Heureux les Simples, heureux les Pauvres,
Eul' l' Royaum' des Cieux est à euss.

— (C'est avec ça qu'on nous empaume,

Qu'on s' call' des briqu's et des moellons)
Ben, tu sais, j' m'en fous d' ton Royaume ;
J'am'rais ben mieux des patalons
Eun' soupe, eun' niche et d' l'amitié.

(Car quoiqu' t' ai' bien fait ton métier
Toi, ton grand cœur et ta pitié,
N'empêch'nt pas d'avoir froid aux pieds !)

— Ainsi, a r'gard' les masons closes
Où roupill'nt ceuss' qui croient en toi.
Sûr qu' t'es là, su' des bénitiers
Dans les piaul's... à la têt' des pieux ;
Crois-tu qu'un seul de ces genss' pieux
Vourait t'abriter sous son toit ?

VIII

Ah! toi qu'on dit l'Emp'reur des Pauvres
Ben ton règne, il est arrivé.
Tu d'vais r'venir, tu l'as promis
Assis su' ton trône et plein d' gloire
Avec mêm' les Justes à ta droite ;
Et te v'là seul dans la nuit noire
Comme un diab' qu'est sorti d' sa boîte !
Sais-tu seul'ment où est ta gauche ?

Oh! voui t'es là, d'puis deux mille ans
Su' un bout d'bois t'ouvr' tes bras blancs
Comme un oiseau qu'écart' les ailes
Tes bras ouverts ouvrent... le ciel
Mais bouch'nt l'espoir de mieux bouffer
Aux gas qui n'espèr'nt qu'en la Ronde.

Oh! oui t'es là, t'ouvr' tes bras blancs
Et vrai d'puis l' temps qu'on t'a figé
C' que t'en a vu des affligés,
Des fous, des sag's ou des d'moiselles
Combien d' mains s' sont tendu' vers toi
Sans qu' t'ai' pipé, sans qu' t'ai bronché!

Avoue-le, va... t' es impuissant,
Tu clos tes châss's, t'as pas d' scrupules,
Tu protèg's avec l' mêm' sang-froid
L' sommeil des Bons et des Crapules.
Et quand on perd quéqu'un qu'on aime,
Tu décor's, mais tu consol's pas.

Ah! rien n' t'émeut va, ouvr' les bras,
Prends ton essor et n' reviens pas;
T'es l'Étendard des sans-courage,
T'es l'albatros du Grand Naufrage,
T'es l' Goéland du Malheur!

IX

Ah ! ôt' toi d' là, tiens, prends ta course,
Débin', cavale ou tu vas voir,

Aussi vrai qu' j'ai un nom d' baptême
Et qu' nous v' là tous deux dans la boue,
Aussi vrai que j' suis qu'eun' vadrouille,
Un bat-la-dèche, un fous-la-faim
Et toi un Guieu magasin d' gifles.

Ej' j' m'en vas t' buter dans la tronche,
J' vas t' boulotter la pomm' d'Adam,
J' m'en vas t' rincer, gare à ta peau !
En v'là assez... j' m'en vas t' saigner,
Car j'ai soupé des Résignés
J'ai mon blot des Idéalisses !

— Arrière, arrière, n' va pas pus loin !
Y vient un temps où tout s' fait vieux,
Où les pus bell's chos' perd'nt leurs charmes.

(Oh ! v'là qu' tu pleur's, et des vrai's larmes !
Tout va s'écrouler, nom de Dieu !)

— Ah ! je m' gondole... ah ! je m' dandine
Rien n' s'écroule, y aura pas d' débâcle ;
Eh l'Homme à la puissance divine !
·Eh ! fils de Dieu ! fais un miracle ?

X

— Et Jésus-Christ s'en est allé
Sans un mot qui pût m' consoler
Avec eun' gueul' si retournée
Et des mirett's si désolées
Que j' m'en souviendrai tout' ma vie.

Et à c' moment-là, le jour vint
Et j' m'aperçus que l'Homm' Divin....
C'était moi, que j' m'étais collé
D'vant l' miroitant d'un marchand d' vins.

On perd son temps à s'engueuler.....

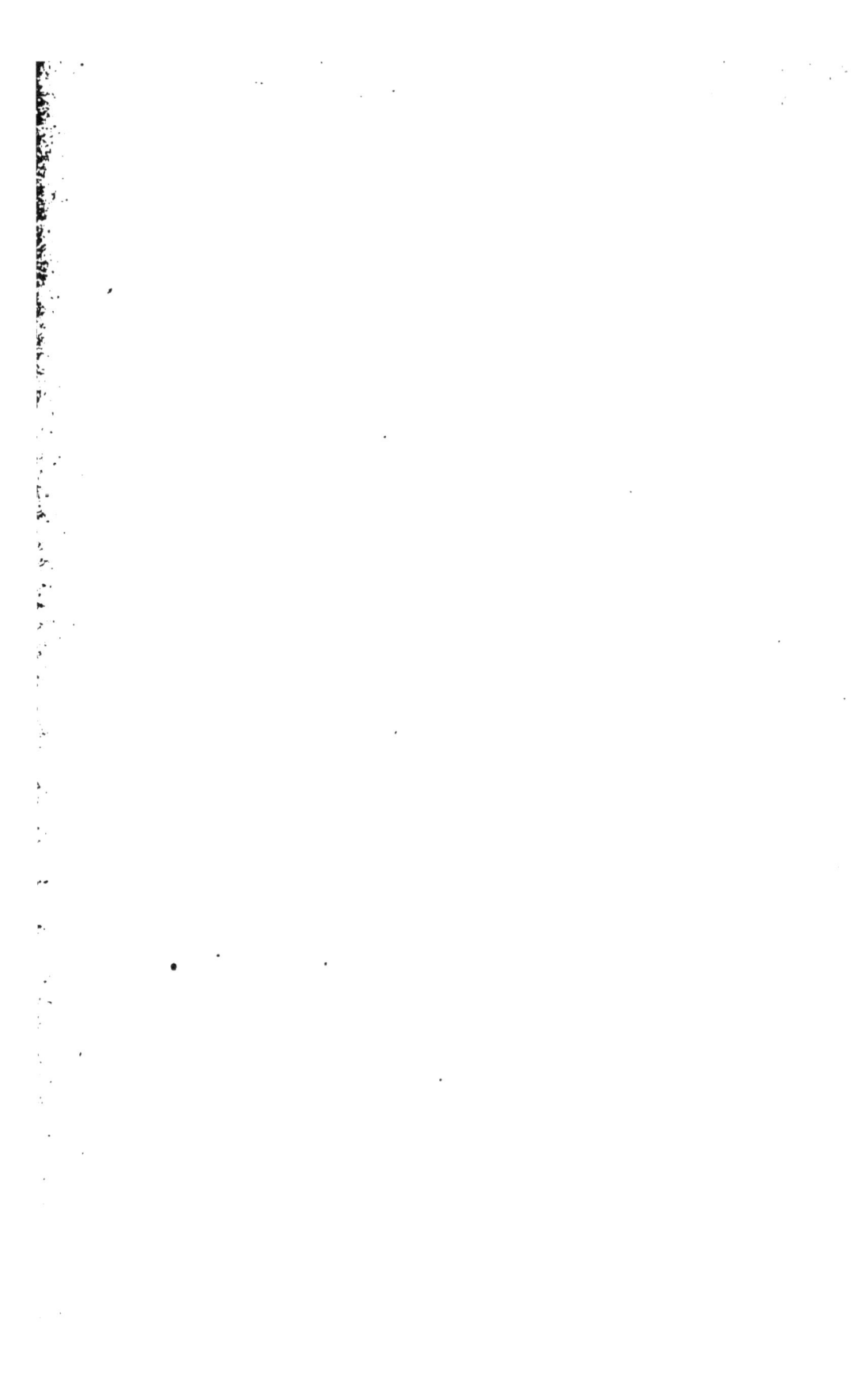

III

Il suffit d'un Homme pour changer
la face du monde.

J. R.

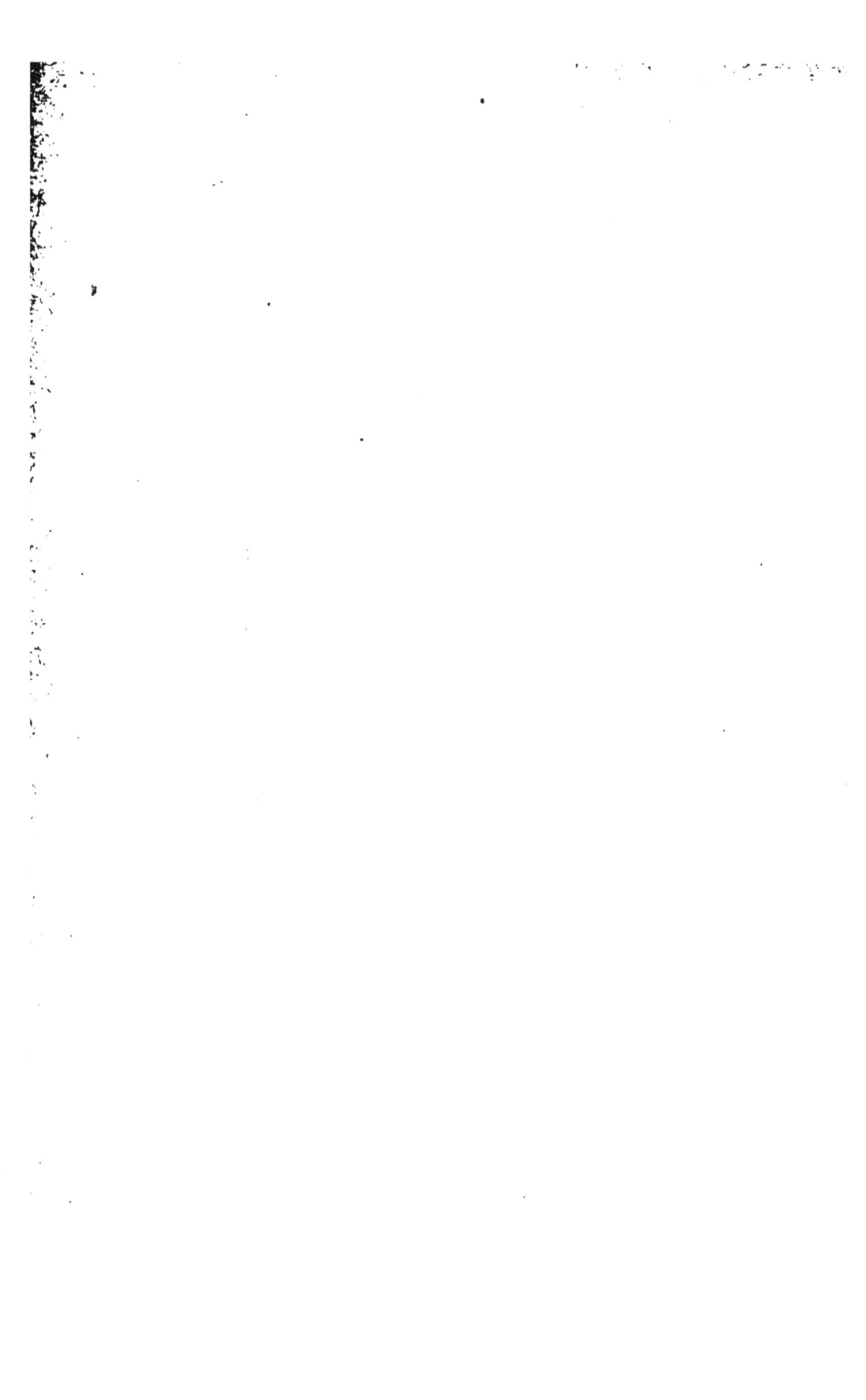

XI

Mais ça fait rien si qu'y r'viendrait
Quéqu' nuit d'Hiver quand l' frisquet semble
Fend' les pavés et les carreaux
Mais durcir les cœurs les pus tendres
Et g'ler les pleurs aux cils qui tremblent,
Si qu'y planquait son blanc mensonge
Eun' nuit autour d'un brasero !

Ça s'rait p'-têt' moi qui y dirait
Les mots qui s'raient l' pus nécessaires

Et ça s'rait p'-têt' ben moi qui s'rait
L' pus au courant d' sa grand' misère,
Ça s'rait p'-têt moi qui l' consol'rais.....

— Ah ! qu' j'y crierais, n' va pas pus loin
A branl'ent dans l' manch' tes cathédrales
N' va pas pus loin, n' va pas pus loin
Ton pat'lin bleu est cor pus vide
Qu' nos péritoines réunis.
Ah ! enfonc'-toi les poings dans l' bide
Jusqu'à la colonn' vertébrale !

— Arrière, arrièr', n' va pas pus loin !
Ou n' viens qu' la s'maine des quat' Jeudis
Car tu r'trouv'rais tes Ponce-Pilate
Cett' fois en limace écarlate,
Couleur du sang des raccourcis !

— Arrière, arrière, n' va pas pus loin !

(Car l'Iscariot à fait des p'tits)
Tu n' pourrais pus confier ta peine
Qu'aux grands torchons ou.... à la Seine.

T'as cru à l'Homm' toi, ma pauv' vieille ?
Ah ! ben tu sais moi je n' sais pus !
(Ventre affamé n'a pas d'oreilles
Et les vent's pleins n'en ont pas plus !)

XII

— Pleure ! Pleure encor, pleur' tout's tes r'ssources
(Comm' pleur' le gas qui n' peut payer
Son enterr'ment ou son loyer).
Qu' tes trous à voir d'vienn'nt deux gross's sources
Et qu' l'Univers en soye noyé !

— Pleure ! pleure encore et sois béni
Ta banqu' d'amour a fait faillite
Coffret d' sanglots, boîte à génie,
Ah ! le beau rêv' que t'as conté.
Ton Paradis ? La belle histoire
Sans c'te vach' de Réalité !

— T' étais l' pus pauv' d'entre les Hommes
Car tu sentais qu' tu pouvais rien
Contre leur débine indurée.

(Or comm' les Pauv's n'ont d'aut' moyen
Pour bouffer un peu leur chagrin
Que d' se réciter leur détresse
Ou d'en dir' du mal à part eux
Et rêvasser quéqu' chose de mieux
Pour le surlend'main des lend'mains)

— Toi, t'as voulu sécher d'un coup

Le très vieux cancer des Humains
Et pour ça leur en faire accroire.
Ton Paradis ? la belle histoire !
Et tu leur aimantas les yeux
Vers le vide enivrant des cieux
Qui dans ton pat'lin sont si bleus !

(Ton Paradis ? Eh ! ben c'était
Un soliloque ed' malheureux !)

XIII

— Ah ! sors-toi l' cœur va pauv' panné
Ton cœur de pâle illuminé
Au lieur d'histoir's à la guimauve
Hurle ta peine à plein gosier.

·— Pis qu'y gn'a pus personn' qui t'aime
Et qu' te v'là comme abandonné
Le cul su' ta mason ruinée
Sors-toi, ton cœur désordonné
Lui qui n'a su que pardonner
Tremp' le dans la boue et dans l' sang
Et dans ton poing qu'y d'vienne eun' fronde
Et fous-le su' la gueule au monde
Y t'en s'ra p'-têt' reconnaissant !

(T'en as déjà donné l'exemple
Mais d'puis... l'a passé d' l'eau sous l' pont)
Faut rester l' gas au coup d' tampon
Qui boxait les marchands du Temple !

— Chacun a la Justice en lui
Chacun a la Beauté en lui
Chacun a la Force en lui-même
L'Homme est tout seul dans l'Univers
Oh ! oui ben seul et c'est sa gloire

Car y n'a qu' deux yeux pour tout voir

Le Ciel, la Terre et les Étoiles
Sont prisonniers d' ses cils en pleurs
Y n' peut donc compter qu' sur lui-même
J' m'en vas m' remuer, qu' chacun m'imite
C'est là qu'est la clef du Problème
L'Homme doit êt' son Maître et son Dieu !

XIV

— Quiens ! v'là l' Souriant en flanquet bleu
V'là l' coq qui crach' son vieux catarrhe
Comme au matin d' ton agonie
Alors que Pierr' copiait Judas

(Tu vois c'te bête alle a s'en fout
A sonn' la diane de la Vie,
La Vie qui n' meurt pas comm' les dieux!)

— Viens ça un peu que j' te délie
Et que j' t'aide à sortir tes clous
(Ça f'ra des eustach's pour qui nous touch'ra!)

Viens avec moi par les Faubourgs
Par les mines, par les usines
On ballad'ra su' les Patries
Où tes frangins sont cor à g'noux
(Car c'est toi qui les y a mis!)
Faut à présent leur prend' les pattes,
Les aider à se r'mett' debout,
Y faut secouer au cœur des Hommes
Le Dieu qui pionc' dans chacun d' nous!

XV

Ou ben alors si tu peux pas
Si tu n'as pus rien dans les moelles
Retourn' chez l' Patron des Étoiles
Remont' là haut ! Va dire au Père
A celui qui t'a envoyé
Quéqu' chos' qu'aurait l'air d'eun' prière
Qui s'rait d' not' temps, eh ! crucifié !

XVI

Notre dab qu'on dit aux cieux,

(C'est y qu'on n' pourrait pas s'entendre !)

Notre daron qui êt's si loin
Si aveug', si sourd et si vieux,

(C'est y qu'on n' pourrait pas s'entendre !)

Que Notre effort soit sanctifié
Que Notre Règne arrive
A Nous les Pauv's, d'puis si longtemps,

(C'est y qu'on n' pourrait pas s'entendre !)

Su' la Terre où nous souffrons
Où l'on nous a crucifiés
Bien pus longtemps que vot' pauv' fieu
Qu'a d'jà voulu nous dessaler,

(C'est y qu'on n' pourrait pas s'entendre !)

Que Notre Volonté soit faite
Car on voudrait le Monde en fête,
D' la vrai' Justice et d' la Bonté,

(C'est y qu'on n' pourrait pas s'entendre !)

Donnez-nous tous les jours l' brich'ton régulier
Autrement nous tâch'rons d' le prendre ;
Fait's qu'un gas qui meurt de misère
Soye pus qu'un cas très singulier,

(C'est y qu'on n' pourrait pas s'entendre !)

Donnez-nous l' poil et la fierté
Et l'estomac de nous défendre,

(Des fois qu'on pourrait pas s'entendre !)

Pardonnez-nous les offenses
Que l'on nous fait et qu'on laisse faire
Et ne nous laissez pas succomber à la tentation
De nous endormir dans la misère
Et délivrez-nous de la douleur.

(Ainsi soit-il !)

LE PRINTEMPS

I

LA JOURNÉE

I

Bon, v'là l' Printemps! Ah! salop'rie,
V'là l' monde enquier qu'est aux z'abois
Et v'là t'y pas c'te putain d'Vie
Qu'a se r'nouvelle encore eun' fois!

La Natur' s'achète eun' jeunesse,
A s' déguise en vert et en bleu,
A fait sa poire et sa princesse,
A m' fait tarter, moi, qui m' fais vieux.

Ohé ! ohé ! saison fleurie,
Comme y doit fair' neuf en forêt !
V'là l' mois d' beauté, ohé Marie !
V'là l' temps d'aimer, à c' qu'y paraît !

Amour ! Lilas ! Cresson d' fontaine,
Les palpitants guinch'nt en pantins,
Et d' Montmertre à l'av'nu' du Maine
Ça trouillott', du côté d' Pantin !

V'là les poèt's qui pinc'nt leur lyre
(Malgré qu'y n'aient rien dans l' fusil),
V'là les Parigots en délire
Pass' qu'y pouss' trois branch's de persil.

L'est fini, l' temps des z'engelures,
Des taup's a sort'nt avec des p'lures
Dans de l'arc-en-ciel agencées
De tous les tons, de tous les styles ;

Du bleu, du rose, tout's les couleurs ;
Et ça fait croir' qu'à sont des fleurs
Dont la coroll' s'rait renversée
Et ballad'rait su' ses pistils.

II

Pis v'là des z'éclairs, des z'orages
Et d' la puïe qui vous tombe à siaux,
Rapport à d' gros salauds d' nuages
Qu'ont pas pitié d' mes godillots.

Car, c't' épatant, d'puis quèqu's z'années,
Les saisons a sont comm' pourries ;
Semb' que l' Bon Guieu pass' qu'on l'oublie
Pleur' comm' eun' doche abandonnée.

Et c'est affreux et si tellement
Malpropre, obscur et délétère,
Qu'on s' figur'rait qu' les z'éléments
Sont sous l' régim' parlementaire :

Voui! les cieux sont si dégueulas,
Corrompus et vomitatoires
Qu'on s' dit : — C'est cor' eun' dròl' d'histoire,
Arton a dû passer par là.

III

Mais les salad's, a sort'nt de terre
Et les genss' y sort'nt su' l' boul'vard.
Les cognes sort'nt de leur caractère :
J' vourais ben, moi, sortir d' quèqu' part !

L' rupin qu' à z'eu des aventures
Regard' c' qui lui sort su' la hure
Et l' pauvre avec mélancolie
Les punais's sortir d' son bois de lit :

Les marrogniers sont comm' des folies,
Et dans leurs branch's et sous les toits
Ces vach's de bécans batifolent
En gueulant pus fort qu' des putois.

Les objets mêm' les pus moraux,
Les pus vioques, n'ont quèqu' chose qui jase
Et gn'a pas jusqu'aux becs de gaz
Qui n'ont envi' d' finir poireaux !

V'là l' Quatorz' Julliet des z'asperges,
Des p'tits z'ozeaux et des hànn'tons,
Et les bléchard's, les veuv's, les vierges
A z'ont mal au bout des tétons.

Voui, l' v'là l' Printemps, l' marchand d' rameaux ;
Y vient, y trott', quoiqu' rien n' le presse,
« Par les sentiers remplis d'ivresse »,
Le v'là qui radine, le chameau !

IV

Ah ! nom de Dieu, v'là que tout r'commence.
L'Amour, y gonfle tous les cœurs,
D'après l' chi-chi des chroniqueurs.
Quand c'est qu'y m' gonflera..... la panse ?

Quand c'est qu'y m' foutra eun' pelure,
Eun' liquette, un tub, des sorlots.
Si qu'a fait peau neuv' la Nature,
Moi, j' suis cor' mis comme un salaud !

Mes chaussett's? C'est pus qu' des mitaines!
Mes s'mell's? Des gueul's d'alligators.
Ma reguingote a fait d' la peine
Et mon phalzar, y m' fait du tort!

Avec ça l' Glorieux m' roussit l' crâne
Et éclair' comm' par calcul
Mes nipp's, couleur de pissat d'âne,
Les trous d' mes coud's et ceux d' mon cul!

Ben, y l'est bath eul' l' mois d'Avril,
Le v'là l' temps des métamorphoses,
Moi, j' chang' pas d' peau comm' les reptiles,
J' suis tous les printemps la mêm' chose.

N'empêch'! J' me sens des goûts d' richesse,
J' suis comm' ça, moi, j' suis né élégant,
J'am'rais ben, moi, fair' mon Sagan
Et mon étroite chez des duchesses!

Et m' les pousser dans des étoffes,
Car pour moi, quand l' turquois est gai,
La pir' de tout's les catastrophes
C'est d'êt' mochard et mal fringué.

V

En attendant, les gas d' la Haute,
(Ceuss' qui nous sont dévoués l'hiver)
Se caval'nt et vont s' mett' au vert ;
Si gn'a d' la dèch', c'est-y d' leur faute?

Sûr que non! Y z'ont fait ripaille ;
Mais, c'était pour les malheureux
Et y sont quasi su' la paille,
A forc' d'avoir carmé pour eux.

On a guinché chez les comtesses,
On s'a empiffré aux buffets,
On s'a décoll'té jusqu'aux fesses,
Pour quêter comm' Nini Buffet!

— Maint'nant, qu'y dis'nt, la Vie est belle,
Les pauvr's y n'ont pus grands besoins.
(Et l' fait est que d'puis qu'y sont loin,
Gn'a pus qu' du vent dans leurs poubelles.)

(Tout c' mond'-là, mèm' quand c'est sincère,
Y s' figur' pas qu' la charité
Entretient la mendicité
Et fait qu' perpétuer la misère.)

Aussi, moi, j' m'en fous de leur galette,
Qu'y se l'enfonç'nt dans l' troufignon,
Et ceuss' qui viv'nt ed' leur pognon,
J' les méprise! — Y sont moins qu' des bêtes!

VI

Tout'fois... n'en rest' des rigoleurs
Qui prenn't jour, pour pas tomber meule
Et s' transmettr' des roses su' la gueule :
Y z'appell'nt ça, « la Fêt' des Fleurs !! »

(Nom de d'là ! Si pourtant l'un d' nous
(Histoire ed' venger la faiblesse)
Leur éclaboussait leur noblesse
D'eun' vieill' pomme ou d'un trognon d' choux...

(Ah ! ma chère ! Qu'aurait pas d' police
Assez fort' pour cet attentat
Et ça f'rait eune affair' d'État.
Malheur ! Ousqu'alle est la Justice ?)

D'aut's en pus d' dix endroits d' la ville
Vont voir pendr' des fil's de croûtons
Par des peintr's qui sont ben cent mille
(Et su' tout c' tas, gn'en a trois d' bons !)

D'aut's enquiquin'nt des canassons
Su' des pist's, des concours z'hippiques,
Auteuil-Longchamps ! c'est là qu'y sont
Tous les marlous d' la République !

Oh ! là, ça pue bon l'écurie,
La sueur d' jockeys et d' bookmakers,
Là gn'a tous les Robert-Macaire
Qu'est la richesse ed' ma Patrie !

Oh ! là, gn'a d' la gonzess' dorée.
Du gibier d' joie à peaux nouvelle
Qui sent si bon et qu'est si belle
Qu'on s'en a des envi's d' pleurer.

(Car ça c'est pas pour nos z'ognons.)

Mais v'là quèqu' chose en fil's pressées
Qui vous r'pos' l'œil des maquignons :
Ça c'est crémeux, frais et mignon,
C'est d' la blancheur su' la chaussée :

(Les v'là, les premièr's commugnions.)
Avec leurs petits compagnons,
A pass'nt les petit's fiancées...
Oh ! c' que c'est doux, c' qu'y sont mignons !

(Et moi, j' m'ennuie à la pensée
Qu' la Vie n' leur servira qu' des gnons.)

VII

C' qu'y ya cor' dans la Capitale ?
Des cravailleurs... des enfermés,
Des genss qui n'ont pas l' droit d'aimer,
Et qu' des clebs qui font du scandale !

Oh ! ceuss'-là minc' de rigolade,
On s'en paye eun' tranch' chez les chiens :
Museaux dans l' cul en enfilade,
Y fil'nt, y trott'nt, y connaiss'nt rien...

Leurs affair's, a sont leurs affaires :
Y prenn'nt tous la joie au sérieux.
C'est à croir' qu' dans la Vill' lumière
Le Printemps y n' soit fait qu' pour eux !

Ah ! les maqu'reaux y sont pas d'bois,
Et par meut's entières aux z'abois,
En chapelets d' chipolata,
Y s' tord'nt, y gueul'nt, y s' font du plat

Et jou'nt un jeu qui les enflamme,
(Caricoco, caricoco,
Et en avant les p'tits bécots !
« A-qui-qui-p'lot'ra-vit'-sa-femme. »)

Leurs mariag's sont pas spirituels
Bien qu'y s' consomm'nt dans un coup d' vent ;
C'est des steeple-chas's émouvants,
Gn'a d' quoi faire un Pari Mutuel !

Des fois, y stopp'nt... et pouf, les r'v'là
Qui se recavall'nt ventre à terre.
— Azor! par-ci, Toto ! par-là,
S'égosill'nt leurs poperiétaires.

Ah! oui, j' t'en fous! Y montr'nt leurs s'melles,
Y sont quinze après eun' fumelle,
La langu' dehors ed' d'pis l' matin,
Comm' des vieux après un trottin!

D'aut's, rigolards et phizolofs,
Revenus des joi's d'ici-bas
Et s' gobant plus dans l' célibat,
Prenn'nt le pavé en guise ed' d'schloff.

Les patt's en l'air et l' blair aux anges,
Y s' frott'nt eul' râb' su' des cacas;
Quant eun' môm' passe et qu'a voit ça
A dit : Mon guieu! Qué mœurs étranges!

(Mais quoi qu'on dise et quoi qu'on gronde,
Le Printemps pour tous, c'est l' Printemps,
Et j' connais pus d'eun' fill' du monde
Qui n'am'rait ben d'en faire autant.)

13.

Pourtant, vrai! les clebs, y m' dépass'nt :
Chez eux, ça coûte rien la « passe ».
« Saluez! c'est l'Amour qui passe! »
Y s' fout'nt de tout, ces salauds-là!

Hé, M'am' Pudeur, voilez vot' face.
Vertu! Morale! N' s'rait-ce que des mots ?
M'sieur Bérenger! Faurait qu'on fasse
Des claqu'-dents pour les animaux!

II

LE FURTIF ET LE MYSTERIEUX

VIII

A présent rappliqu' le Furtif
Mossieu l' Rêveur, dit Crépuscule,
Les cravailleurs rentr'nt et s' bousculent
C'est l'heure de l'apéritif !

Les pense-à-rien, les crache-impôts
Rumin'nt par tas noirs aux terrasses,
Eun' bris' d'amour leur fait la grâce
Ed' fraîchir un peu leurs tronch's de veaux.

Les bras ballants et la voix rêche,
Par group's, au coin des carrefours
Populo gouale ses amours
Et l' plaisir d'aimer dans la dèche !

(Enfin tant pis — deux ronds d' perlo,
Trois sous d' liqueur, deux sous d' mensonge,
Deux ronds d' musique et un sou d' songe...
Y s' content' de rien, Populo !)

(Et ses dimanch's, donc, quelle affaire !)
C'est là qu' faut voir l' lion populaire
Ballader ses vieux testicules
(Qu'auraient ben besoin d'un coup d' fion),

Et s' tasser dans des véhicules
Mal foutus, étroits, mal crépits
Sous l'œil de simili-troufions
Qu'y z'ont des galons au képi !

Malheur ! lui qu' a pris la Bastille,
Y n' prend pus que l' tram' du mêm' nom
Et y n' prend pus d' nombreux canons
Que chez l' bistrop où qu'y croustille.

(Oh ! là là ! minc' de belle orgie
Le jour ous qu'on prendra Mazas,
La Roquett', Clairvaux, Pélagie,
Dommag' que je s'rai sans dout' pas là.)

L' Dimanch, l' Peup' va à la campagne
Chercher des trous et des p'tits coins
Pour contenter ses p'tits besoins
Et engrosser ses pauv's compagnes,

Loin des yeux de l'autorité !
(Tout's ses audac's ont l' mêm' calibre,
C'est sa magnère à c' peuple libre
De faire acte de liberté !)

IX

Mais v'là qu'arriv' l'heur' de s'en j'ter :
Dehors, aux tables des gargotes,
L' Fauve Souverain s'empiffre et rote
Avec force et tranquillité

Tandis qu' les trams' jouent d' la trompette
(Quand c'est qu'y joueront du hautbois !)
Et qu' dans leurs costum's de lopettes
Les bicycliss's y vont au Bois.

X

J' vas vous en foutr', moi, des romances,
Du vague à l'âme et des primeurs,

Tout l' monde est pas heureux en France,
Gn'en a qui sont d' mauvaise humeur

Avant d' sombrer au coin d'eun' rue,
(Mézigue, un quasi-bachelier !!)
L' bonheur partout et, la nuit v'nue,
Sùr que j' vas m' mett' à aboyer...

XI

Bon ! à présent quoi c'est qu'embaume ?
C'est l' Mystérieux, c'est l' Consolant,
L' Soir endormeur des pauv's 'tits mômes,
Qui s' traîne en douce et à la flan.

L'Flamboyant flanche et va s' plumer
Et la preämière Étoile a brille
Comme un regard de pauvre fille
Dont l'amour s'rait pas estimé.

J' vas pas pus loin, mon tas chancelle,
Mes paturons y sont trop las,
C'pendant tout vit, éclat', ruisselle,
Ça sent la vierge et les lilas !

V'là la Négress' ! les lamp's s'allument
Tous les bécans sont au panier,
Sûr que j' vas m' planquer su' bitume,
(Gn'a qu'eun' façon d'èt' printanier).

L'Existence est comm' démanchée,
Tout vous a un air innocent
Et y gn'a pas jusqu'au croissant
Qui ne vous prenn' des airs penchés !

Oh ! que c'est mignon les lueurs
Qu'on voit partout superposées
A chaque étage, à tout's croisées,
(Sûr, que ce soir gn'a qu' du bonheur !)

C'est des abat-jour transparents,
Cœurs en fafiots brûlants d' tendresse,
(Oh ! les ceuss qui, ce soir d'ivresse,
Ont pas d' chérie et pas d' parents !)

V'là des insecqu's par tourbillons,
Qui, dès qu'y sont nés, lâch'nt la rampe
Pis des phalèn's, des papillons
Qui vont s' rôtir à tout's les lampes

Et j' me figur' qu' c'est mes désirs
(Lesquels n'ont guère eu l' temps d' moisir)
Qui vont itou se griller l'aile
Aux clartés roides du réel.

Des Enlacés pass'nt deux par deux
(Comm' la Mort toujours près d' la Vie)
Y m' frôl'nt, y vont — je m' fais des ch'veux
Car moi j' suis seul et ça m'ennuie,

Mais l' ciel s' met eun' si bell' liquette,
L'ensemble il a l'air si joyeux,
Y fait si doux, y fait si chouette
Qu' ça s'rait p'-têt' vrai qu'y a un Bon Guieu !

III

PRIÈRE

XII

Oh! mon Guieu, si vous existez,
Fait's moi vot' pus gracieux sourirc,
J'en ai gros su' l' cœur à vous dire,
J' suis en vein' de sincérité!

J'ai été l' môme el' l' pauvr' clampin,
L' loupiot d' Paris qu' la purée berce
Et qu'a trimé dur dans l' commerce,
Pour eune apparenc' de bout d' pain!

(Aussi vrai, c' que j' les ai dans l' nez,
Ces muffs qui, sous le nom d' « concurrence »,
Ont créé eun' sourc' de souffrances
Un genr' légal d'assassiner!)

Or, sous c'te garce de République,
L' printemps d' ma vie y fut raté,
Car l' pauvre y n'a d'aut' liberté,
Si qu'y mass' pus, d' crever phtisique.

Seigneur! Rendez-moi mes vingt sous,
Car j'ai passé ma bell' jeunesse
A m' voir pousser des dents d' sagesse
Quand j'avais rien à m' fout' dessous.

Des gras m'ont dit : — Toi, t'as d' la veine,
T'es jeun', t'es fort, ça s'ra ardu,
Mais tu r'prendras l'Alsace-Lorraine
(Comm' si c'tait moi qui l'a perdue!)

(D'jà ma daronn' m'avait battu,
L'est donc venu l' tour d' la Patrie
Qui m'a r'passé aux poings d' la Vie ;
Ces trois femm's-là s' sont entendu.)

J'ai fait tous les méquiers d'esclave,
C'pendant j'ai jamais pu gagner
Ma boustifaille et mon loyer,
A présent, m' v'là, j' suis eune épave.

J'ai l' poil tern' des bêt's mal nourries,
La dèch' m'a fait la gueul' flétrie,
Ma jeuness' reste étiolée...
J' pourrai jamais m'en consoler

Mêm' si qu'un jour j' tournais au riche,
Par un effet de vot' bonté,
Ce jour-là, j' f'rai mett' eune affiche :
« On cherche a vendre un cœur gaté. »

Mes poteaux ? Combien m'ont trahi !
Pourtant m'en rest' quéqu's-uns d' fidèles,
Mais pour la mouïse y m' gagn'nt la belle,
C'est comme un syndicat d' faillis !

Et l' meilleur ? Il a peur d' comprendre !
Aucun avec moi n' veut descendre
Au fonds d' l'égout d' mon désespoir
(Où d'jà mon propre pas y glisse) ;

Pour s'en r'venir d' chercher la Gloire,
La Vérité et la Justice,
La palme, le glaive et le miroir
Et la scionnée du sacrifice.

Des amours mignons m'ont pâli,
Et la Vie les a massacrés,
Mes mains les ont ensevelis,
Mes yeux les ont beaucoup pleurés :

Comm' j' pouvais pas m' faire à la haine,
J'en ai longtemps hurlé ma peine,
Comm' le soir hurle su' la Seine
La tristesse d'un remorqueur :

Et j'en saigne à ce point encore
Qu'y m' sembl' que quand j' me remémore
Tout c' pauvre tas de petits morts
(Mon cimetière d'innocents),

Y m' sembl' qu'y m' vient un gros flot d' sang
Qui m' prend l' qui-qui, m'emplit la bouche
Et m' fait l' jacqu'ter rouge et farouche,
Et ce sang-là m' jaillit du cœur !

XIII

Seigneur, mon Guieu ! j' suis près d' périr
Et v'là c' que j' souffre et c'est ben vrai.
Quand un malade il a eun' plaie
Faut-y rien faire ou la guérir?

Et j' me vois comme à l'ambulance
Du champ d' bataill' de mes douleurs.
Faut-y toujours téter ses pleurs
Et bouffer l' pain d' l'obéissance ?

Seigneur! au respect que j' vous dois,
Le vent y m' souff' dans la braguette
Et mes ribouis rient en goguette,
Au point qu'y découvr'nt mes dix doigts!

L'homm' qui vous parle a ben souffert,
Son blair balladait sa roupie,
Tout en grelottant cet hiver ;
Y se r'biffe à la fin des fins :

Lui suffisait pas d' crever d' faim
(Bien qu' beaucoup bouff'nt dans l'Univers),
V'là-t'y pas qu'il a la pépie,
Et v'là-t'y pas qu'a geint sa chair !

Ce soir l' Printemps m' soûle à son tour
(Mon sang ça n'est pus d'l'eau d'lessive),
J'ai des bécots plein les gencives,
Et j'ai les rognons pleins d'amour !

XIV

Hélas ! je l'sais ben qu' c'est la fête
Et que l' temps d'aimer il est v'nu
Qu'y f'rait mêm' bon d'aller tout nu
Avec au bras eun' gigolette,

Pour fair' la culbut' dans les foins
Sans culbutants et sans témoins !
Mais outr' que j' suis trop mal frusqué
J'ai pas d' pèze pour en embarquer,

Aucune a vourait d' ma tristesse :
Seigneur ! Vous avez d' l'instruction
Porquoi qu'y en a qu'ont des maîtresses
Malgré qu'y n'aient pas d' position ?

J'am'rais ben moi aussi mon Guieu
Avec les gas qui sont au sac
(Sans pour ça m' fair' mignonne ou mac)
Vivre en donzelle et en joyeux !

Et m' les trainer dans des bagnoles
Pour m'foutre avec euss des torgnioles
A coups d' bouquets d' fleurs su' l'citron
(Mais v'là ! y s' trouv' que j'ai pas l' rond !)

J'suis l' fils des vill's, non d'mon village
Si j'ai des envi's, des besoins
C'est la faute aux grands magasins
A leurs ménifiqu's étalages.

XV

Mais la nuit s' fait d' pus en pus douce,
Seigneur! guettez pour l' vagabond
Qu'est forcé d'ouvrir l'œil et l' bon,
Rapport aux gonciers qu'est d' la rousse!

On entend geindr' le boulanger
Comm' si qu'y s'rait près d' son trépas
Et son boulot m' porte à songer
Qu'y fait du pain où j' mordrai pas.

(Quoi y faut dire? Quoi y faut faire?
J'ai mêm' pus la force ed' pleurer.
J' sais pas porquoi j' suis su' la Terre
Et j'sais pas porquoi j' m'en irai!)

A travers l'air, par des persiennes,
N'y vient des voix d' musiciennes,
Qu'on croirait sortir d' mon Sensible
Quand j' vous réclam' mon essentiel,

Ou ben c'est putôt d' vos Archanges
Qu'ont p'têt' perdu leur fleur d'orange
Et qui s' désol'nt dans l'invisible
D'avoir été sacqués d' vot' ciel !

Oh ! Seigneur, sans vous commander,
V'là qu' ç'a m' reprend, gn'a pas d'offense
J' vourais comm' dans ma p'tite enfance
Coller mon cib su' deux nénés !

Oh ! deux bras frais qui m'am'raient bien
Et ça n' s'rait-y qu' dans un boxon,
La pus moche, la pus chausson
(Mais y faurait qu' ça m' coûte rien !)

15.

XVI

Seigneur mon Guieu, sans qu' ça vous froisse,
J' vous tends mon cœur, comm' la Pucelle,
Ainsi qu' mes bras chargés d'angoisse,
Lourds du malheur universel!

Car si j'étais seul à la dure
Je n' vous pos'rais pas tant d' porquois,
Mais l' pus affreux de l'aventure,
C'est qu'y sont des meillons comm' moi!

L'Homme est pas fait pour la misère
Et contrarier ses beaux désirs,
Ni pour qu' ses frangins l' forc'nt à faire
Des cravails noirs et sans plaisir.

Car y s'enferm' dans des usines
Des quarante et des cinquante ans,
Dans des bureaux, des officines,
Alors qu' les cieux sont éclatants.

Oh! mon Guieu! Si vous existez,
Donnez-nous la moëll' d'être libres
Et d' remett' tout en équilibre,
Suivant la grâce et la bonté!

La liberté, la liberté!
Donnez-nous du pain et des ailes,
Donnez-nous les plum's des oiselles,
Les pattes des clebs qu'on puiss' call'ter!

XVII

Et quant à moi pour le présent
J' vourais que mes faims soy'nt assouvies,
J' veux pus marner, j' veux viv' ma vie
Et tout d' suite et pas dans dix ans !

Car c' soir j'ai comme un r'gain d' jeunesse
Un tout petit, oh ! bien petit
Et si ce soir j' sens ma détresse
Demain je r'tomb'rai abruti !

V'là Lazare qui veut s'couer sa cendre
Et flauper l' monde à coups d' linceul !
La liberté où j'vais la prendre.
J' vas êt' mon Bon Guieu moi tout seul !

J' suis su' la Terr', c'est pour y vivre
J'ai des poumons pour respirer
Des yeux pour voir, non pour pleurer
Un cerveau pour lir' tous les livres

Un estomac pour l' satisfaire
Un cœur pour aimer, non haïr
Des mains ponr cueillir le plaisir
Et pas turbiner pour mes frères !

Soupé des faiseurs de systèmes
Des économiss's distingués
Des f'seurs de lois qui batt'nt la flemme
(Toute loi étrangle eun' liberté !)

Soupé des Rois, soupé des Maîtres,
Des Parlements, des Pap's, des Prêtres
(Et comm' j'ai pas d'aut' bien qu' ma peau,
Il est tout choisi mon drapeau !)

Soupé des vill's, des royaumes
Où la misèr' fait ses monômes
Soupé de c' qu'est civilisé
Car c'est l' malheur organisé !

Nos pèr's ont assez cravaillé
Et bien assez égorgillé
L'Homm' de not' temps faut qu'y se r'pose
Et qu' l'Existence lui tourne en rose.

Oh! mon Guieu, si vous existez,
Donnez-nous la force d'êtres libres
Et que mes souhaits s'accomplissent.

Car au Printemps, saison qu' vous faites
Alors que la Vie est en fête
Y s'rait p'-têt' ben bon d'être eun' bête
Ou riche et surtout bien aimé.

(Ça s'rait ben bon, s' c' n'est justice !)

ACTUALITÉS

SOLILOQUE

DU

CHANTEUR AMBULANT

Donc, y z'ont fini leurs ballades
Les faux pauvr's sortis d' rich's beuglants :
Ben et moi, l' chanteur ambulant,
Y m'ont mis dans la marmelade !

Y a pus moyen d' gagner deux sous.
Après leurs admirab's tournées
Màtin ! y n'en f'saient des jornées
Tous les soirs, y d'vaient rentrer saouls !

Y n' faisaient qu' siffler du champagne
S'enfiler d' merveilleux gueul'tons
Moi, maint'nant on m'envoye... au bagne
Quand j' m'amène avec mon jambon.

Les pip'lets m'adress'nt des discours,
Y n' veul'nt pus qu' des artiss' notoires
Et faut êt' du Conservatoire
Pour pouvoir chanter dans les cours !

Je l' dis, c'est eun' calamité
Y m'ont râflé mes p'tit's recettes
Et m' v'là maint'nant avec des dettes
C'est tout d' mêm' beau la Charité !

Cré tas d' muff'tons va, tas d' truqueurs...
A m' ruin' vot' tentativ'e hardie
C'est du chiqué, d' la comédie...
J'en ai soupé, moi, d' vot' grand cœur !

Quoi fair'? Ramasser les mégots?
On ferm' la Bourse aux bouts d' cigares
Ah! qué sal' coup pour la fanfare
Quand les rupins s' font mendigots!

Ohé, Nini! T'as pas fini?
Tout Paris l' sait qu' t' as z' eun' belle âme
Qu'all' te coût' pas cher ta réclame
Et qu'y t' reste encor' du « *boni* ».

Tu m'as r'tiré l' pain de d' la bouche.
Où qu' tu veux que j' pouss' mes faux airs
Quand tu miaul's au Café-Concert
J' te laiss' miauler, j' suis pas farouche.

Ton sort à toi m' laiss' sans envie
Je n' cherche pas à t' fair' concurrence
Au contrair', j' propag' tes romances
Sans moi..... tu gagn'rais pas ta vie!

Ce soir, j' m'en vas dire à mes mioches
— « Mes p'tiots, faut danser d'vant l' buffet
« C'est la faute à Nini Buffet
« Si j'ai pas un radis en poche ! »

Malheur ! Quoi qu'on bouff'ra c't' hiver
Quand ma guitar' s'ra chez ma tante
— Fous-t'en, Zib'line, alle est contente
Y a rien à dire, y a qu'à crever !

Août 1895.

ÉPILOGUE

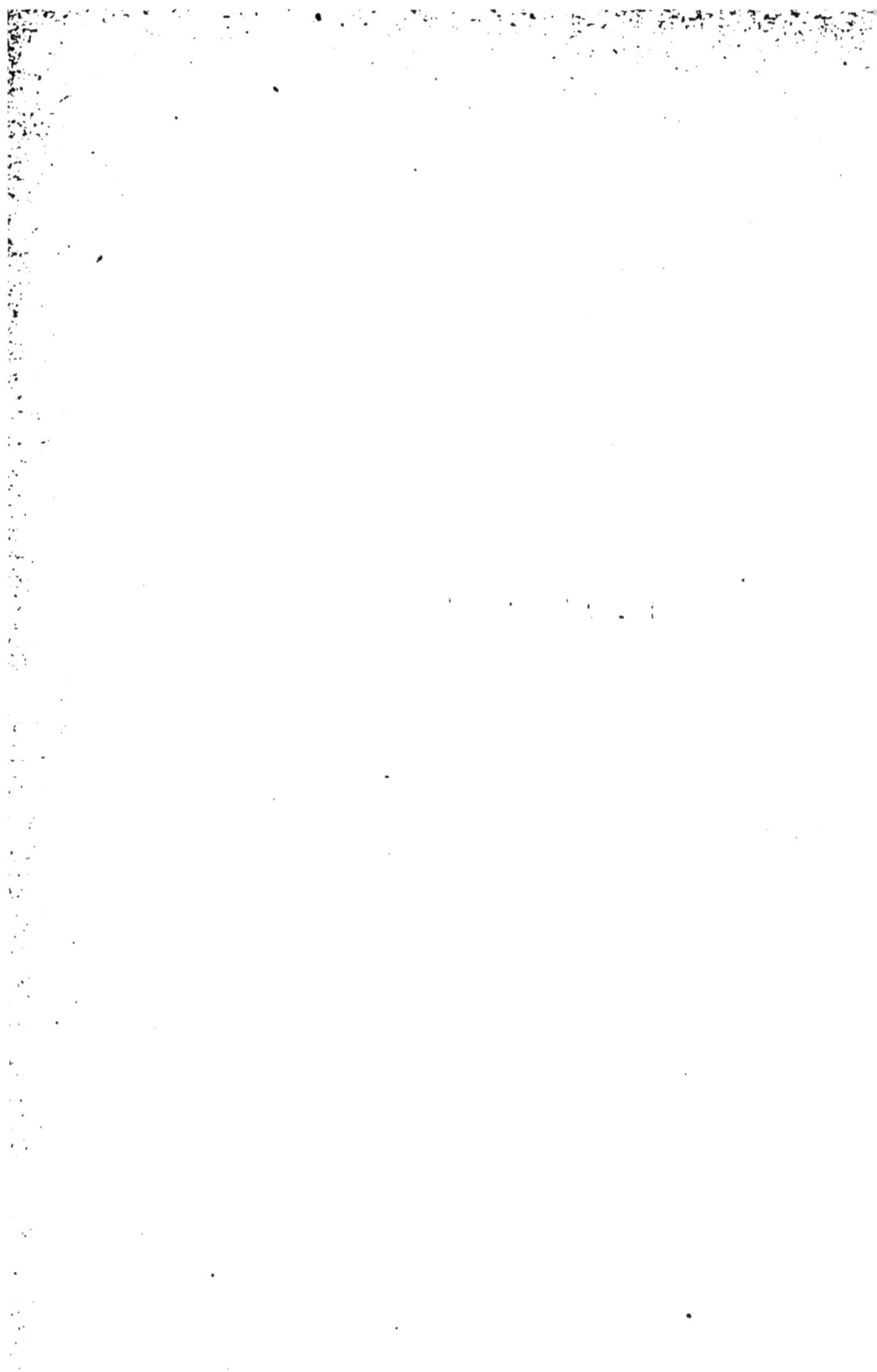

Paraît qu'y doit a r'venir, le Tzar.
Non, mais des fois... y faudrait l' dire
Si qui s' plaît pas dans son Empire,
Y pourrait t'nir un p'tit bazar,
Son peupe, y l'en f'rait eun' tir-lire !
Ben, si qu'y r'pique au balthazar,
Gn'a pas d'erreur, on va rerire.

~~Ça n'était~~ pas encore assez   *Y en avait pas*
De grapeaux, de cérémognies,

De défilés par compagnies
Et d'un chahut des cinq cents diables
Et des gueul'tons substantiels,
Et d'la galette des contribuables
Illuminant la tour Eiffel.
(Ça n'était pas encore assez
Les z'horreurs a vont r'commencer!)

Quoi? nous r'verrons, c'est pas eun' colle
Montjarret, f'sant d' la Haute École
Qui pétarade et caracole
Dessus son canasson fougueux.
C'est vrai, on va r'voir l' Protocole
Gaffer en s'arrachant les chueux?

Et puis les Cosaqu's de la suite
Qui sont Polonais pour la cuite
S'offrir un dessert clandestin
Avec les bougies du festin?

Et on r'verra l' Préfet de police
Empli de tristesse et d'horreur
A la pensée qu'un nihilisse
Ou quéqu'un d' ces salauds en *isse*
Pourrait ben s'offrir el' l' caprice
D'agrandir l' trou d' bombe d'un Emp'reur !

Et dans Paris gorgé d' troupiers
Où faut ben que j' mèn' ma vadrouille
Gn'aura ben vingt meillons d' petsouilles
Qui viendront m' piler les goigts d' pieds !
Et on r'f'ra rendr' par des soldats
Les grands z'honneurs aux p'tits cacas
D' la p'tit' Grand' Duchesse Olga !

Et quand le Tsar pos'ra tepêt
Félix Faure instruit d' la chosette
S'enfil'ra aux wouater-clozettes
Où pour pas troubler l'harmonie
Y rest'ra à s' fair' la causette
Jusqu'à c' que l'Emp'reur ait fini !

De quoi, on va r'voir la Justice,
Les Colonies et l'Intérieur
L'Armée, l' Clergé, l'Académie,
Le Théâtre, la Poyésie
Y compris les Travaux Publics
En un mot tout' la République,
Sucer les doigts d' l'Impératrice,
Ou s'user i' nombril su l' pavé?

Spectacle admirabl' pour l'Histoire
Et qui doit « flatter notre espoir »
On r'verra ça n'est pas douteux
Félix Faure et Nicolas Deux
Se retéter encor' la poire
Et r'bouffer avec appétit ?

S'en sont-y collé des voitures
Tandis qu' mes s'mell's à forc' d'usure
Se trottaient et m' laissaient en plan
S'en sont-y foutu des bitures

D'ess'traordinaires nourritures
Pendant qu' Bibi s' grattait les flancs!

Gn'avait qu' des gibiers, des ventrées!
D' la bonn' vinass', pas d' la bibine
Oh! bon guieu d' bois la bonn' cuisine
Qu'aurait mieux fait dans ma cassine
Et les canapés d' bécassines
Ou j'.. .'ais ben amé m' vautrer.

Enfin après l'apothéose
Relisons un peu leurs discours
Qui s'ils z'avaient l' mérit' d'èt' courts
Signifiaient pas toujours grand' chose

— Je bois — Tu bois — A toi — Z'a moi

L'Armé' française et la Marine
Vous salu'nt ainsi qu' la Tzarine

(Allons tant mieux — Vas-y mon vieux)
L'Emp'reur des Russ's et la Tzarine
Salu'nt l'Armée et la Marine !

(Pis c'était tout ou ben encor)
(On s' proposait des chos's comm' suit)

— J'-vous donn' la Lune a n' peut s' défendre
— Vous êt's ben bon... j'allais la prendre
— Ça n' fait rien si j' peux vous aider !

Et on appell' ça..... eune Alliance !
C'est vraiment un peu trop d' prudence
Mais tout l' monde va gueulant en chœur :
— « Ah ! qu'il a ben causé l'Emp'reur ! »

Tous ces chichis et tout' c'te joie
Ça fait penser à ces borgeois

Qui r'çoiv'nt un *rasta* à la manque
Et lui pass'nt le pèze et la planque
Pass' qu'il s' dit prince et monseigneur ;
Puis quand le mec s'est cavallé
L' gésier gonflé de boustifaille,   */d/*

Dans la famille on s' fait une gueule,
On se r'luque et on s'aperçoit
Qu' la fill' qu'était p'téte encor vierge,
La mèr', la sœur, la tant' du père,
La grand'mère et la bisaïeule
Et l' p'tit dernier d' la concierge ;
Bref tout l' mond' se r'trouve enfilé,
Et les pus jeun's, d'au moins dix sous.

Eh ben moi j' veux qu' Satan m' patafiole
Si dans ces discours empruntés
Gn'a un mot qu'a l'air d'un traité
Aussi j' crois ben qu'on s' fout d' ma fiole

Mais j' me raisonn', car tôt ou tard
Populo il aura la belle
D'jà Jaurès veut fair' du pétard,
On verra comment qu'y s'appelle !

En attendant je l' dis tout haut
Eh ben moi à m' courr' la Russie
V'là trop longtemps qu' l'Alliance a m' scie
A n'aura pas mes capitaux : ·

Elle et pis ses meillons d' soldats
Ses douan's et leurs futur's recettes
J'nai vraiment d' russ' que mes chaussettes
Et encor vrai dans quel état !

Ça rendra-t'y l'Alsac'-Lorraine ?
« Ces trois couleurs dans cet ébène ? »
Ah ! pour ça non, j' crois qu'y a pas d'pet.
Ben alorss, faut'y s'mettre en peine ?

Moi, j'am'rais mieux qu'on m' fout' la paix
Ou à son défaut l' Canada,
(Car moi aussi j'ai mon dada).

Vous comprenez, moi, j' suis dans l' tas;
Ces gueul'tons, ces fêt's, ces galas,
Ousque les gros s' sont cuités ferme
Dam! ça n'a pas payé mon terme,
V'là l'Hiver... on m'a esspulsé
V'là l'Hiver... et on peut penser
Qu'y gn'en a des flott's dans mon cas.

Et maint'nant que m' v'là quasi nu,
Sans brich'ton, sans espoir d' probloque
Avec el l' taf d'êt' mis au bloc
Pass' que j' n'dors pus qu' dans mes loques,
J'ai l' droit d'engueuler mon Époque
Du crottoir ousqu'on m'a foutu!

Voui, j'ai l' droit d' la trouver saumâtre.

Et si je n' l'ai pas... ben, je l' prends.
Après tout, moi j' suis du Théâtre,
J' suis aussi un rouage influent.

Et j' l' gueul', dût-il m'en cuire,
Que j' m'en fous, quand j'ai rien dans l' bide,
Des grapeaux, des cellunoïdes
Et de nos p'tits tzars, les ronds-d'cuirs
Qu'existent autant qu' des androïdes
Et qui n'ont jamais pu produire
Aut' chos' que des z'hémorroïdes !

Si j' l'avais seul'ment vu, le Tzar,
Hein ! si qu'il était v'nu me voir !
J' crois qu'j'y aurais montré l'escaïer
Avec la pointe ed' mon souier.
J'y aurais fait d' la phizolofie

Et j'y aurais crié d' mon sixième :

Tu fais ta poire et ta sophie,
Passque t'es quasi un d'mi-Guieu !
Si seul'ment tu cherchais un peu :
Mais tu t' ballad's, tu tir's ta flemme.

Ben mon p'tit Pèr' (ça c'est très russe)
T'en as, d' l'estomac et d' l'astuce !
Moi, dans mon genre aussi, j' suis Tzar :
L'Emp'reur des Beni-Bouffe-Hasard.
Mais j' règn' que su' mes z'abattis,
Et toi sur des tas d'abrutis !

Allons ! caval' de d'sous mon toit
Et quand tu s'ras rentré chez toi,
Ayant la Force, ayant le glaive,
Va-t'en trouver le grand Tolstoï
Et tâche d'appliquer ses Rêves !..

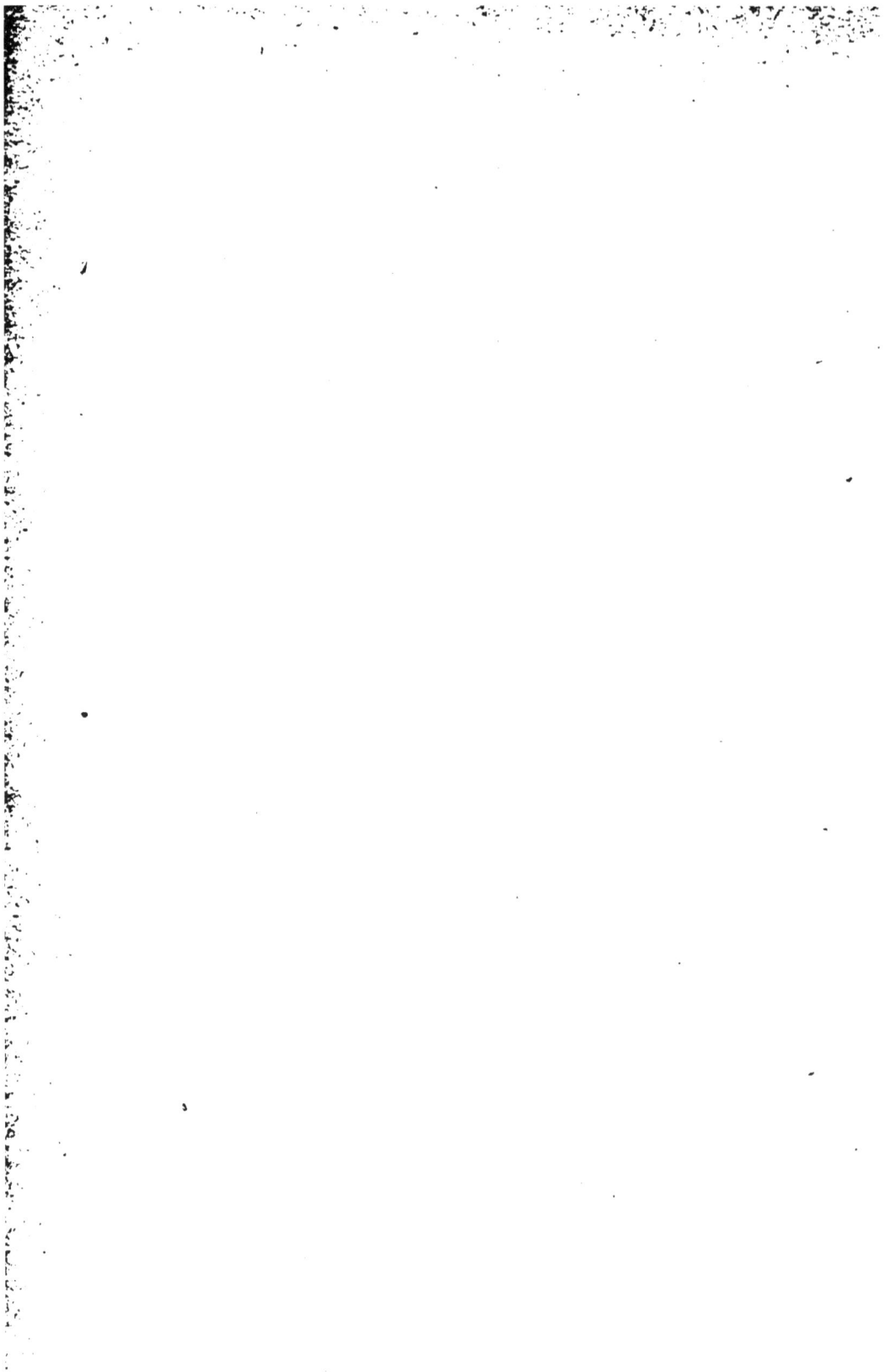

FARANDOLE

DES

PAUV'S 'TITS FAN-FANS

(RONDE PARLÉE)

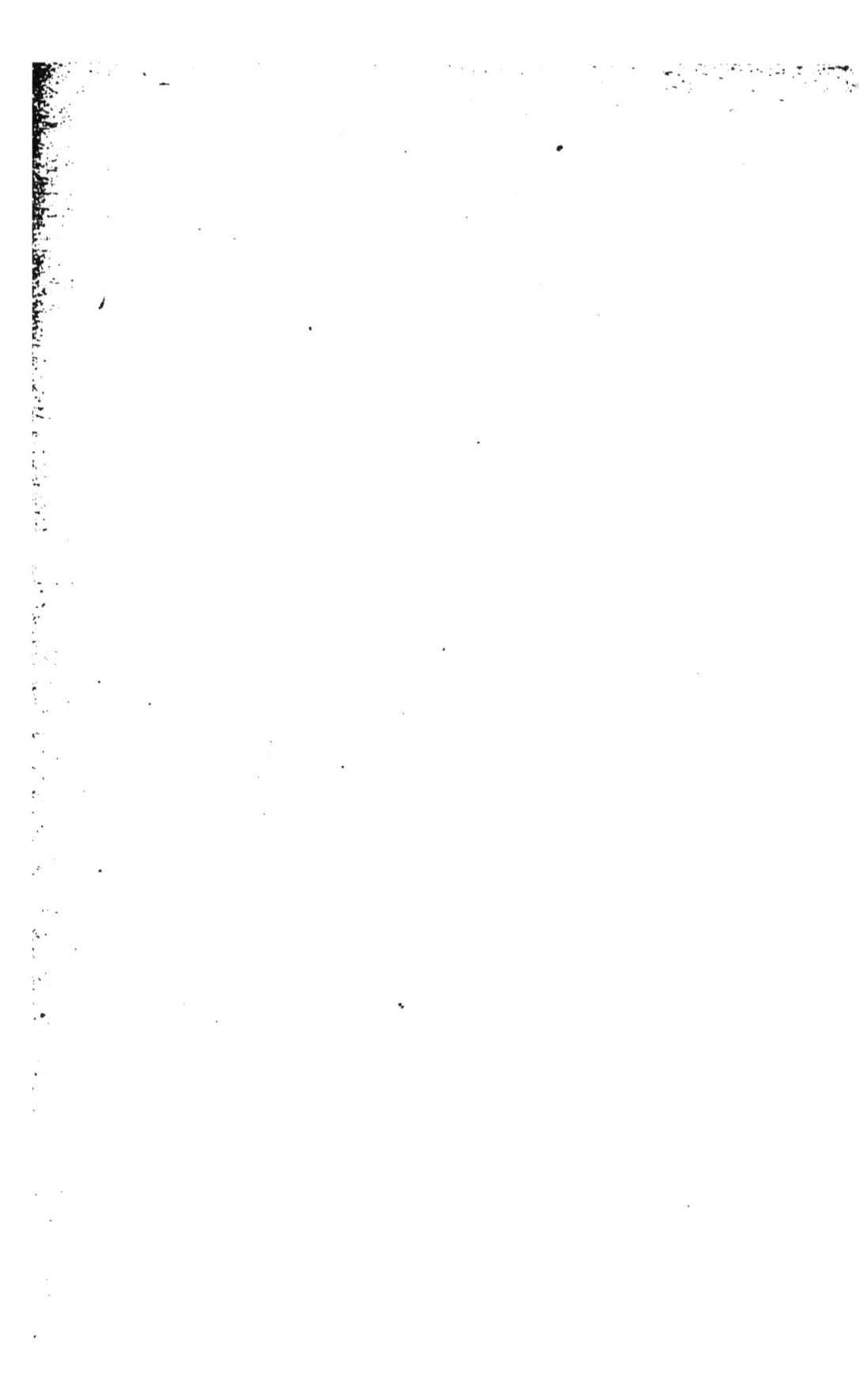

Nous, on est les pauv's 'tits Fan-fans
Les p'tits flaupés... les p'tits foutus
A qui qu'on flanqu' sur le tu-tu :

Les ceuss' qu'on cuit, les ceuss' qu'on bat,
Les p'tits bibis, les p'tits bonshommes
Qu'ont pas d' bécots ni d' sucs de pomme
Mais qu'ont l' jus d' triqu' pour sirop d' gomme
Et qui pass'nt de beigne à tabac.

Les p'tits vannés... les p'tits vanneaux
Qui flageol'nt su leurs 'tit's échasses
Et d' qui on jambonn' dur les châsses,

Les p'tits Pierrots... les tit's vermines
Les p'tits sans-cœur, les p'tits sans-dieu,
Les fuit-d'-partout... les pisse-au-pieu
Qu'il faut ben que l'on esstermine.

Nous... on n'est pas des p'tits Fifis
Des p'tits choyés, des p'tits Bouffis
Qui n' font pipi qu' dans d' la dentelle
Dans d' la soye ou dans du velours
Et sur qui veill'nt deux sentinelles,
Ma'am' la Mort et M'sieu l'Amour.

Nous... on nous truff' tell'ment la peau
Et not' tit' viande est si meurtrie
Qu'alle en prend les tons du Grapeau
Les trois couleurs de not' Patrie !

Qué veine y z'ont les z'avortés !
Nous quand on peut pus résister
On va les r'joindr' dans l' grand Mystère.
Oh ! qu' c'est donc bon d' pioncer l'hiver
N'avec les petits vers de terre...
Nous ! On aime être asticotés !

Nous pauv's 'tits fan-fans d'Assassins,
Nous s'rons jamais les fantassins
Qui farfouillent dans les boïaux
Ou les tiroirs des Maternelles
Ousqu'y gn'a des Porichinelles

« Car ainsi font, font, font
Les Petites Baïonnettes
Car ainsi font, font, font
Deux p'tits trous et pis... s'en vont »

Nous n'irons pas au Bois non pus

Aux bois d' Justice... au bois tortu.
Nous n'irons pas à La Roquette
Et zon, zon, zon, pour rien au monde.
Et zon, zon, zon, pipi nous f'sons
Et barytonnons d' la mouquette
Su la Misère et les Prisons.

Nous p'tits fan-fans, pauv's 'tits Fantômes
Nous irions ben en Paladis
Si gn'en avait z'un pour les Mômes
Eh là ! yous qu'il est le Royaume
Des mimis morts, des p'tits moutons
Où d' bons 'tits ciens nous embrass'ront?

Car P'tit Jésus, y n'en faut pus
Lui et son Pat'lin transparent
Ousqu'on r'trouv'rait nos bons parents
(On am'rait mieux r'venir d' son ciel
Dans eun' couveuse artificielle).

Gn'en a qui dis'nt que l' Monde un jour
Y s'ra comme un grand squar' d'amour
Et qu' les Homm's qui vivront dedans
S'ront d' grands fan-fans... des p'tits fan-fans
Des gros, des beaux, des noirs, des blancs.

Chouett' ! Car sans ça les p'tits pleins d' giffes
Pourraient ben la faire à la r'biffe
Quoique après tout, on s'en j' m'en fous
Pisqu'on sait ben qu'eune heur' viendra
Ou qu' Mam' la Mort all'-mêm' mourra
Et qu' pus personne y souffrira !

Mais en guettant c'te bonn' Nouvelle
Sautez, dansez nos p'tit's cervelles.
Giclez, jutez nos p'tits citrons.
Pleurez, chialez les crocodis
— « La France a se dépopulotte » !
Les p'tits goss' y faut qu' ça boulotte
Mais ça coût' trop cher au budget !

Aign' donc, cognez ! On s' fout d' la Vie
Et d' la Famill' qui nous étrille
Et on s'en fout d' la République
Et des Électeurs alcooliques
Qui sont nos dabs et nos darons.

. . . .
. . . .

Nous... on est les pauv's 'tits Fan-fans
Les p'tits flaupés... les p'tits fourbus
Les p'tits fou-fous... les p'tits fantômes
Qui z'ont soupé du méquier d' môme
Qui n'en r'vienn'nt pas et r'viendront pus !

TABLE

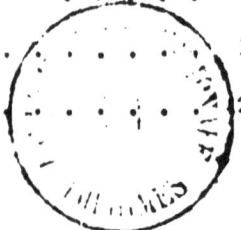

ACHEVÉ D'IMPRIMER

LE VINGT-TROIS MAI M'IL HUIT CENT QUATRE-VINGT-DIX-SEPT

PAR

L'IMPRIMERIE DE L'ART

POUR LE

MERCVRE

DE

FRANCE

MERCVRE DE FRANCE

Fondé en 1672

(*Série moderne*)

15, RVE DE L'ÉCHAVDÉ. — PARIS

paraît tous les mois en livraisons de 200 pages, et forme dans
l'année 4 volumes in-8, avec tables.

———

ROMANS, NOUVELLES, CONTES, POÈMES, MUSIQUE, ÉTUDES CRITIQUES
TRADUCTIONS, AUTOGRAPHES, PORTRAITS, DESSINS & VIGNETTES ORIGINAU

———

Rédacteur en Chef : ALFRED VALLETTE

CHRONIQUES MENSUELLES

Épilogues (actualité) : Remy de Gourmont ; *Les Romans* : Rachilde
Les Poèmes : Henri de Régnier ; *Littérature* : Pierre Quillard
Théâtre (publié), *Histoire* : Louis Dumur ; *Philosophie* : Louis Weber
Psychologie, Sociologie, Morale : Gaston Danville
Sciences biologiques : Jean de Tinan ; *Économie sociale* : Christian Beck
Voyages, Archéologie : Charles Merki
Ésotérisme et Spiritisme : Jacques Brieu
Journaux et Revues : Robert de Souza
Les Théâtres (représentations) : A.-Ferdinand Herold
Musique : Charles-Henry Hirsch ; *Art* : André Fontainas
Lettres allemandes : Henri Albert ; *Lettres anglaises* : H.-D. Davray
Lettres italiennes : Remy de Gourmont
Lettres Portugaises : Philéas Lebesgue ; *Échos Divers* : Mercure

———

PRINCIPAUX COLLABORATEURS

Paul Adam, Edmond Barthélemy, Tristan Bernard, Léon Bloy, Victor Charbonne
Jean Court, Louis Denise, Edouard Dujardin, Georges Eekhoud, Alfred Ernst,
Gabriel Fabre, André Fontainas, Paul Fort, Paul Gauguin, Henry Gauthier-Villar
André Gide, José-Maria de Heredia, Gustave Kahn Bernard Lazare, André Lebe
Camille Lemonnier, Pierre Louys, Maurice Maeterlinck, Stéphane Mallarmé,
Paul Margueritte, Camille Mauclair, Charles Merki, Stuart Merrill, Raoul Minha
Adrien Mithouard, Albert Mockel, Charles Morice, Yvanhoé Rambosson,
Ernest Raynaud, Hugues Rebell, Adrien Remacle, Jules Renard, Adolphe Rett
Georges Rodenbach, Saint-Pol-Roux, Camille de Sainte-Croix, Albert Samain,
Marcel Schwob, Laurent Tailhade, Pierre Veber, Émile Verhaeren,
Francis Vielé-Griffin, Teodor de Wyzewa, etc.

———

Prix du Numéro :

FRANCE : **1** fr. **50** — UNION : **1** fr. **75**

ABONNEMENTS

FRANCE		UNION POSTALE	
Un an	**15** fr.	Un an	**18** fr
Six mois	**8** »	Six mois	**10** »
Trois mois	**5** »	Trois mois	**6** »

On s'abonne *sans frais* dans tous les bureaux de poste en France (Algérie
Corse comprises), et dans les pays suivants : Belgique, Danemark, Italie, Norvèg
Pays-Bas, Portugal, Suède, Suisse.

ABONNEMENT ANNUEL POUR LA RUSSIE : 7 roubles par lettre chargée.

———

Imp. C. RENAUDIE, 56, rue de Seine, Paris

RÉD. :

18

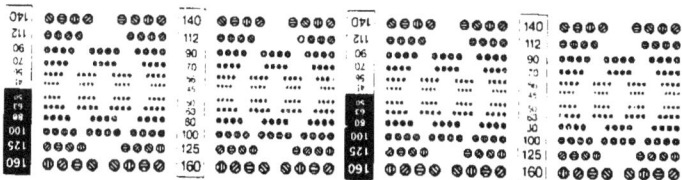

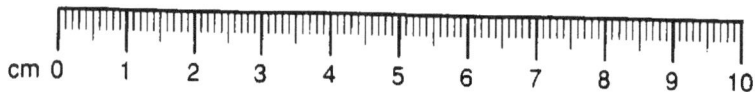

cm 0 1 2 3 4 5 6 7 8 9 10

DPCi

15, rue Jean-Baptiste Colbert
ZI Caen Nord - BP 6042
14062 CAEN CEDEX
Tél. 31.46.15.00
RCS Caen B 352491922

Film exécuté en 1992

www.ingramcontent.com/pod-product-compliance
Lightning Source LLC
Chambersburg PA
CBHW070612100426
42744CB00006B/456